나는 당신이
N잡러가 되었으면
좋겠습니다

나는 당신이 N잡러가 되었으면 좋겠습니다

한기백·송종국 지음

원앤원북스

월수입 800만 원의
직장을 퇴사한 이유

직장 내 연말 시상식에서 나는 3번이나 상을 받았다. 학교에서는 그 흔한 장려상 한 번 못 받아본 내가 5천 명 가까이 되는 전 직원 앞에서 이렇게 성과와 노고를 인정받다니. 감개무량했다. 수상을 하면서 상여금과 해외여행 등 다양한 특혜를 받아 주변의 부러움을 한몸에 샀다.

이런 분위기 속에서 타성에 젖은 나는 충분히 잘 살고 있다고 생각했다. 이 정도면 충분하다고 생각했다. 그러나 이것은 착각이었다. 나는 어릴 때부터 힘들어도 잘 참아내는 사람, 어려움이 있어도 잘 이겨내는 사람, 한다면 하는 사람에 가까웠다. 이런 방식으로 사는 데 자신 있었고, 역경이 찾아와도 내면의 깊은 욕구를 감추며 살아가는 삶에 익숙했다. 늘 근면 성실하게 맡은 자리를 지키고 궂은일도 마다하지 않으니 주변 사람들의 평가는 달콤하기만 했다. 하지만 다른 사람은 다 속일 수 있어도 나 자신은 속일 수 없었다. 나는 불행했다. 월수입 800만 원을 벌기 위해 주 7일 16시간씩 일을 했기 때문이다.

몸은 힘들어도 상담을 받으러 오는 고객 앞에선 늘 밝게 웃어야 했다. 그들의 문제가 나의 문제일 때도 많았다. 문제에 대한 고민을 들어주고 멋지게 해결점을 제시해드리곤 했지만 정작 나의 문제는 여전히 해소되지 않았다. 힘들어도 쉴 수 없었고, 근무 때는 제대로 된 식사도 할 수 없었다. 매달 800만 원가량을 손에 쥐었지만 초과근무 시간을 시급으로 계산해보면 일반 직장인과 크게 다를 바 없는 돈이었다. 문득 '내가 왜 이 짓을 하고 있지?' 하는 생각이 들었다.

분명히 무언가 잘못되고 있어.

마음속에선 의문이 떠나지 않았다. 더 열심히 일해서 더 많은 돈을 벌면 상황이 개선될 줄 알았지만 그렇지 않았다. 돈을 더 벌기 위해선 '더 많은 노동'을 해야 했다. 이런 사실을 몰랐던 것은 아니다. 하지만 내심 마음 한구석에선 '다른 사람들은 노력하지 않는다. 하지만 나는 다르다.'라는 생각이 자리 잡고 있었다. 실제로 나는 정말 혼신의 힘을 다해 노력했고, 회사에 나를 갈아 넣는 심정으로 일했다. 그만큼 좋은 성과를 달성했지만 건강은 급속도록 나빠졌다. 이윽고 건강하게 일하기 위해 일을 하지 말아야 하는 지경이 되었다. 과부하가 온 것이다. 일하지 않으면 당연히 소득도 줄어든다. 800만 원을 받던 사내 최고 성과자가 200만 원도 못 받는 상황에 이르렀다.

'그래, 분명히 무언가 잘못되고 있어.' 이런 의문이 마음을 떠나지 않았다. 누구보다 열심히 살았고 그만큼 노력했는데 무언가 잘못되고 있다는 현실을 받아들이기 어려웠다. 건강은 악화하고, 급여는 떨어지고, 무엇 하나 잘 풀리는 일이 없었다. 그래서 평소 회사에서 믿고 의지했던 멘토를 찾아가 조언을 구했다. 6시간 이상 이어진 긴 대화 끝에 나는 한 가지 결심을 한다.

시스템을 만들어야 한다.

세상은 시스템을 만드는 사람과 시스템 속에서 일하는 사람으로 나뉜다. 시스템을 만든 사람은 시스템이 잘 운영되는 대가로 '부와 시간'의 자유를 얻고, 시스템 속에서 일하는 사람은 '약간의 돈'을 대가로 자유를 잃는다. 나는 더 이상 약간의 돈 때문에 자유를 잃고 싶지 않았다. 그래서 나만의 시스템을 만들기 위해 '온라인 쇼핑몰 창업'을 선택했다

사업에 발을 들이자 드디어 무언가를 시작했다는 설레임과 함께 실패할 수도 있다는 두려움이 찾아왔다. 사업 준비로 늘어날 고정지출에 대비해 기존 직장의 업무도 소홀히 하지 않았다. 일과를 마치고 남은 시간에는 최대한의 집중력을 발휘해 차근차근 사업을 준비했다. 그렇게 N잡으로 3개월을 보내자 드디어 첫 판매가 이뤄졌다. 첫 판매 매출은 무려 3천만 원가량이었다. 이렇게 많은 돈을 한 번에 번 것은 처음이었다.

이때부터 스스로 한계라고 생각했던 지점이 깨지기 시작했다. '직장인 마인드'에서 '사업가 마인드'로 생각의 저변이 확장되기 시작한 것이다. 그동안 책에서만 봤던 레버리지의 개념도 이때 처음 사업에 적용했다. 레버리지 전략을 통해 8개 분야로 사업을 확장했고, 책에서만 봤던 사업가들의 성공 신화가 점점 나의 이야기가 되

고 있었다. 여전히 시간이 없고 바쁘지만 적어도 여유롭게 식사를 할 수 있고, 내가 쉬고 싶을 때 자유롭게 쉴 수 있다. 잠깐 쉰다고 해서 월수입이 줄어들거나 내 위치가 흔들리지도 않는다. 시스템이 공고해질수록 나는 경제적 자유에 가까워졌다.

유튜버 신사임당은 자본주의 생태계에서 상위 포식자가 되기 위해서는 소비자에서 판매자가 되어야 한다고 강조한다. 실제로 소비자에서 판매자가 되어 보니 다른 세상이 열렸다. 어떻게 돈을 벌어야 할지, 어떻게 시스템을 만들고 운영해야 할지 보이기 시작한 것이다. 이 책은 나와 같이 스마트스토어라는 단어조차 몰랐던 평범한 직장인이 N잡으로 온라인 쇼핑몰 사업을 시작하면서 겪은 시행착오와 노하우, 그리고 소비자에서 판매자로 성장할 수 있었던 비법을 담은 책이다.

부족한 점이 많지만 최대한 거짓 없이 있는 그대로 전달하기 위해 노력했다. 필요한 사람에게 이 책이 꼭 전달되어 모두가 경제적 자유에 한 발짝 다가가기를 희망한다. 새로운 도전의 계기를 만들어준 인생의 멘토 권영애 선생님, 사업을 시작할 수 있도록 도움을 준 부모님, 장인어른, 장모님, 김스노, 그리고 회사를 위해 힘써준 내 가장 친한 친구 송종국 팀장, 책을 쓰느라 정신없을 때 회사를 잘 운영해준 막내동생 한기범 팀장, 회사의 모든 임직원들, 결혼하자마자 사업한다고 바쁜 남편을 물심양면 응원해준 아내 윤채에게 깊은 감사를 표한다.

한기백

우선 어려운 시기에 믿고 좋은 기회를 제안해준 한기백 대표에게 감사한 마음을 전한다. 한기백 대표가 만들어놓은 결과물이 없었다면 이 책 또한 존재할 수 없었다. 그리고 책 출판을 할 수 있도록 도와준 유튜버 후랭이님과 원앤원북스 관계자 분들, 콘텐츠 기획 가이드를 해준 신태순 대표님, 사업에 대한 철학을 가르쳐준 이상훈 대표님, 책 집필에 전념할 수 있도록 각자의 역할을 잘해준 팀원들, 진심으로 믿고 지지해주는 사랑하는 아내 은혜에게 깊은 감사를 표한다.

송종국

온라인 사업으로
경제적 자유를 꿈꾸다

초보 사업가를 위한
마인드셋

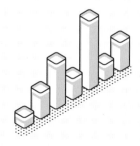

서행차선에서
추월차선으로

수익과 직결되는
7단계 실전 노하우

N잡러를 위한
여섯 가지 제언

1장

온라인 사업으로
경제적 자유를 꿈꾸다

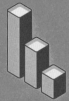

내가 사업을
시작한 이유

'왜 나는 사람들의 시간을 사서 내 일을 위임하지 않았을까?' 하는 후회가 들었다. 그래서 나는 사람의 시간을 돈을 주고 사는 사람, 즉 사업가가 되기로 결심했다.

월드컵의 열기가 한창 뜨거웠던 2002년 여름. 당시 중학생이었던 필자는 대한민국 축구팀을 응원하며 즐거운 한때를 보내고 있었다. 그리고 그해 겨울, 승승장구하던 아버지의 사업이 무너졌고 그 영향으로 부모님은 이혼을 하셨다. 중학생이었던 내가 감당하기엔 어렵고 버거운 현실이었다.

그때의 일기장을 보면 '악'과 '울음'뿐이었다. '흔들리지 말아야 한다. 굳세어야 한다. 나는 반드시 특별한 사람이 되어야 한다. 모든 것은 나 하기에 달려 있다.' 애써 스스로를 다독이는 말이 일기장을 가득 채웠다. 당시 나를 사로잡은 감정은 무력감이었다. 내가 아무리 애써도 가족의 평화를 지킬 수 없었고, 아무리 발버둥쳐도 크게 달라지는 건 없었다. 미성년자인 내가 할 수 있는 일은 없었다.

나는 도망치듯이 책에 파묻혀 독서의 세계로 빠져들었다. 도서관에 가서 철학, 자기계발 분야의 책을 틈나는 대로 읽었다. 성공에 한 걸음 다가가기 위해, 지금 나에게 벌어지고 있는 이해할 수 없는 현상을 이해하기 위해 책을 읽고 해석하려 몸부림쳤다. 돌이켜보면 그때 읽은 책들이 지금의 '나'를 만든 것 같다. 나는 지금도 회사에 신입사원이 들어오면 중학생 때 읽었던 책을 몇 권 추천해주곤 한다. 책을 읽은 신입사원들은 그때마다 하나같이 "이 책 그냥 대표님 이야기인데요? 지금 이렇게 살고 계시잖아요!"라고 말하며 감탄했다. 그만큼 독서는 나에게 큰 영향을 미쳤고, 삶의 방향을 제시하는 나침반과 같았다. 당시 내가 독서를 통해 해소하고자 했던 큰 물음은 이것이었다.

이렇게 열심히 사는데 왜 점점 더 불행해지는 걸까? 행복해지기 위해선 어떻게 살아야 하는 걸까?

이 물음에 대한 해답을 찾기 위해 책을 읽으며 중고등학교 시절을 보냈다. 다행히 부모님은 각자의 길에서 조금씩 안정을 찾기 시작했다. 아버지는 승승장구하던 시절의 자존심을 내려놓으셨고, 어머니는 악착같이 요식업에 종사하셨다. 그렇게 우리 집은 생업으로 음식장사를 하는 집안이 되었다. 갈비, 왕냉면, 콩나물비빔밥, 아구

찜, 수타짜장면, 분식, 피자 등 돈이 될 것 같은 요식업은 가리지 않고 시도했고 현재는 타코야끼 노점을 운영하고 있다.

우리 집은 가게를 차리고 망하고, 차리고 망하고를 반복했다. 새롭게 가게 문을 열면 처음에는 장사가 좀 되다가 시간이 지나면 손님이 줄어들었고, 이후 손님이 뚝 끊기면 업종을 바꿔 다시 가게 문을 여는 식으로 창업과 폐업을 반복했다. 제대로 자리를 잡지 못하고 자꾸 업종을 바꾸니 가정이 평안할 리 없었다.

망하지 않는 방법을 배우다

부모님은 1년에 하루도 제대로 쉬지 못한 채 하루 16시간씩 일을 하셨다. 심지어 수술을 한 다음 날도 일을 해야 했다. 장사가 되지 않아도 두려움과 조급함 때문에 쉽게 가게 문을 닫지 못했다. 가족 휴가는 중학생 때 이후로 가본 적이 없었다. 몸은 점점 더 힘들어지는데 쉴 수 없으니 짜증은 늘고, 늘 예민하고, 서로 싸우기 바빴다. 아마도 이것이 평범한 대한민국 자영업자의 삶이 아닐까.

이런 답답한 상황을 지켜보며 나는 '이렇게 열심히 사는데 왜 장사가 안 될까?' 하는 의문을 품었다. '손님의 마음을 읽지 못한 걸까?' '손님의 마음은 어떻게 읽어야 하지?' 물음에 물음이 꼬리를 물었다. 그러다 대학교도 경영학과에 가게 되었다. 그러나 대학에서 배운 지식도 나의 물음에 해답을 주지는 않았다.

반복적인 '폐업'을 가까이서 지켜보면서 다행히 한 가지 얻은 게 있다. 바로 이런 상황에 이런 선택을 하면 망한다는 삶의 지혜였다. '만약 나중에 사업을 한다면 절대 이런 선택은 하지 말아야지.' 하는 수십 가지 사례를 직접 목격하면서 많을 것을 배울 수 있었다. 그리고 그것을 밑천 삼아 나는 회사에서 10년간 라이프코치로 활동했다.

라이프코치는 개인의 삶의 질을 높이고 고객이 목표하는 바를 이룰 수 있도록 돕는 직업이다. 수백 수천 명의 고객을 대상으로 10년간 약 1만 2천 시간의 코칭을 진행했고, 그 과정에서 수많은 변화를 목도했다. 하지만 점차 회의감이 들었다. 근본적인 문제가 해결되지 않으면 아무리 코칭을 잘해도 한계가 있었기 때문이다. 코칭 과정에서 문제가 더 악화되어 속수무책 무너지는 고객도 여럿 보았다.

이런 답답함을 느끼던 찰나에 설사가상 몸에 이상이 왔다. 10년 간 쉼 없이 달려왔기 때문일까? 시간이 없어 운동은커녕 식사조차 제대로 할 수 없었고, 끼니를 밥 먹듯이 거르는 불규칙적인 생활이 반복되자 몸 이곳저곳에 문제가 생기기 시작했다. 몸을 챙기기 위해서는 일을 줄여야 했지만 한 학기에 1천만 원에 육박하는 MBA 학비를 감당해야 했고 더군다나 가정을 위해서 멈출 수 없었다. 그래서 오히려 잠을 더 줄이고 운동 시간을 늘렸다. 건강해지려고 하는 운동이 마치 고문처럼 느껴졌다.

행복해지기 위해서, 부자가 되기 위해서 10년간 정말 열심히 살았다. 그럼에도 나는 여전히 가난했고 사는 게 힘들었다. 부모님이 그랬던 것처럼 죽어라 일하고 노력해도 상황은 바뀌지 않았다. 망하지 않는 방법은 알았지만 성공하는 방법은 몰랐기에 망망대해에서 길을 잃은 기분이었다. 코칭에서 매번 '일의 우선순위'를 강조했지만 정작 나는 늘 시간에 쫓겼다. 그렇게 하루하루 버티며 열심히 살았다. '열심히 살고 있으니까 언젠가는 성공하겠지?' 하는 막연한 희망을 품은 채.

인생의 멘토를
만나다

그렇게 좀비처럼 넋이 나가서 살고 있는 나에게 아주 귀한 분이 손을 내밀어주셨다. 바로 회사의 사외이사이자 교육심리 전문가인 권영애 선생님이셨다. 나는 선생님에게 찾아가 내가 꿈꾸는 삶의 방향과 고민에 대해 진지하게 털어놓았고, 가만히 경청하시던 선생님께서는 나지막이 몇 가지 조언을 해주셨다.

선생님께서는 내가 목표로 하는 꿈을 내가 원하는 시기에 이루기 위해 하루에 몇 시간이 필요한지 계산해보라고 하셨다. 나는 그 자리에서 계산을 했고 실소를 금치 못했다. 목표를 이루기 위해 필요한 시간은 하루에 50시간이었다. 하루는 누구에게나 똑같이

24시간인데 나는 50시간이 있어도 모자란 일을 꾸역꾸역 해나가고 있었던 것이다. 그러니 늘 시간에 쫓기고 몸이 고장날 수밖에. 수년이 걸리는 공사를 2~3개월 만에 끝내려고 하면 당연히 부실공사, 날림공사를 야기하게 된다.

나는 나의 어리석음에 정말 깜짝 놀랐다. 한 번의 질문에 드러날 문제를 그동안 스스로 떠안고 살았다는 사실에 실망스러웠다. 그래서 권영애 선생님과 앞으로 어떻게 하면 좋을지 이야기를 나누면서 '이대로는 답이 없다. 스스로 성장할 수 있는 시스템을 만들어야 한다.'라는 결론을 냈다. 미팅이 끝나고 넋이 나간 채 집으로 돌아왔다. 돈이 돈을 버는 선순환 구조와 시스템을 만들어야 한다는 생각에 잠시도 쉴 수 없었다. 자기계발서에서 봤던 문구가 불현듯이 떠올랐다.

시간은 금이며 레버리지를 활용해야 한다.

다른 사람의 시간을 돈을 주고 사는 사람, 그 사람이 바로 사업가다. 나는 그동안 내 귀중한 시간을 월급과 바꿔 근근이 살아가고 있었다. 뒤늦게 '왜 나는 사람들의 시간을 사서 내 일을 위임하지 않았을까?' 하는 후회가 들었다. 그래서 나는 사람의 시간을 돈을 주고 사는 사람, 즉 사업가가 되기로 결심했다. 더 이상 내 시간을 볼모로 삼아 돈을 벌고 싶지 않았다.

사업을
꿈꾸다

이 책의 공동저자이자 현재 나와 가장 가까운 동료인 송종국 팀장과의 인연도 바로 이 시기에 시작되었다. 나는 회사 워크숍에서 직장동료였던 송종국 팀장과 밤새 사업에 대해 이야기했다. 유튜버 신사임당의 '창업다마고치' 사례에 대해 남자 둘이서 해가 뜰 때까지 토론을 거듭했다.

김정환 대표는 퇴사 후 방황하던 시기에 유튜버 신사임당으로부터 창업다마고치 프로젝트를 제안 받는다. 신사임당은 김정환 대표에게 사업에 필요한 기술과 마인드를 전수하고 그 과정을 촬영해 유튜브에 올렸고, 김정환 대표는 자신의 채널 창업다마고치에 창업 과정을 찍은 영상을 올리게 된다. 그들의 콘텐츠는 6개월 만에 누적 조회수 100만 이상을 달성하며 구독자들 사이에서 폭발적인 반응을 불러일으켰고, 많은 예비 창업자들에게 큰 영감을 주었다.

나는 밤새 송종국 팀장과 이러한 창업다마고치 사례에 대해 이야기를 나눴다. 그들이 성공할 수밖에 없었던 이유는 무엇인지, 신사임당이 김정환 대표에게 전수한 사업의 기술과 사업가의 마인드는 무엇인지 토론했다. 그렇게 나는 사업가의 꿈을 공고히 했다.

온라인 셀러의
길에 들어서다

새로운 분야에 뛰어들 땐 주위에 최대한 알리지 않는 것이 좋다. 걱정하는 지인을 진정시키느라 에너지를 쏟아야 하기 때문이다.

　'온라인 셀러'에 대해 궁금한 점이 많아 우선 책을 구매하기로 했다. 내가 서점에 갔을 때만 하더라도 온라인 쇼핑몰에 관한 책은 정말 읽을 게 하나도 없었다(요즘엔 좋은 책이 많이 나와 있다). 2~3권 정도 읽어봤는데 마치 네이버 백과사전과 가이드북을 읽은 기분이었다. 그도 그럴 것이 책을 쓴 저자들이 대부분 온라인 셀러가 아닌 마케팅 강사였기 때문이다. 현장을 제대로 알 리 없었다.

　나는 어떤 새로운 분야에 도전할 때 늘 거치는 루틴이 있다. 우선 유튜브에 검색하고, 네이버에 검색하고, 업계 종사자의 SNS를 파고들고, 관련 책을 읽고, 강연을 본다. 만약 이렇게까지 했음에도 충분한 정보가 없다면 스승으로 삼기 적합한 관련 유튜버, 블로거, 저자, 강사 등에게 직접 연락한다.

라이프코칭을 처음 배울 때도 마찬가지였다. 당시에는 유튜브가 활성화되어 있지 않아서 네이버 검색과 업계 종사자의 SNS, 관련 책에 의존했는데 그래도 정보가 충분하지 않았다. 그래서 블로거 중에 가장 괜찮아 보이는 분에게 연락을 했다. 그리고 며칠 뒤 그와 함께 식사를 했고, 이후 거의 1년 동안 매주 1:1 교육을 받았다. 나는 이를 바탕으로 10년간 업계에서 열심히 일했고 전문가 반열에 오를 수 있었다.

배움에 돈을 아끼지 말자

이번에도 똑같은 루틴대로 가장 활발하게 활동하는 유튜버를 찾아 헤맸다. 우연히 한 유튜버가 눈에 들어왔는데, 그는 나처럼 천안에서 활동하고 있었다. 그래서 이 분의 모든 영상을 본 뒤 연락을 했다.

"당신에게 가르침을 받고 싶습니다." 그러자 그는 이렇게 답했다. "정교한 커리큘럼은 따로 없고 식사 한 번과 짧은 강연, 관련 엑셀파일을 드리는 게 전부입니다." 그는 그 대가로 수백만 원의 컨설팅비를 제안했다. 나는 흠칫했지만 화려한 언변과 커리큘럼, 온갖

감언이설보다 '받고 싶으면 받고 아니면 말아라.' 하는 느낌에 오히려 더 신뢰가 갔다. 물론 여러 영상에서 보여준 진정성 있는 모습도 한몫했다.

"받겠습니다! 내일 시간 되세요?" "시간 됩니다. 그런데 1월 1일부터 일하고 싶지는 않네요. 2일에 보죠!" 이때 감탄을 금치 못하고 '이 사람 정말 매력적이다.'라고 생각했다. 그렇게 스마트스토어에 관한 영상을 보며 이 책의 공저자이자 가장 친한 친구인 송종국 팀장과 사업에 대한 계획을 구체화했다.

1시간 만에 끝난
심플한 컨설팅

2018년 1월 2일, 나는 아주 비장한 마음으로 일어나 옷도 깔끔하게 입고 멘토님을 찾아갔다. 그의 사무실은 우리 집에서 차로 10분 거리에 있었다. 사무실은 유흥업소가 즐비한 골목에 위치해 있었는데, 나는 그 날 난생 처음으로 온라인 쇼핑몰 회사의 내부를 보게 되었다. 그야말로 개미소굴 같았다. 내가 이제까지 접한 여러 분야의 사업장은 대부분 훌륭한 인테리어에 밝고 탁 트인 여유 공간이 있었다. 그런데 멘토님의 회사는 사방에 잡다한 물건이 가득했고, 대표실도 벽지가 성한 곳이 없을 만큼 물건이 꽉 들어차 있었다.

대표실로 들어가 구석에 놓인 책상에 앉아 서로 인사를 했다. 그는 제품에 스티커를 붙여서 판매하는 방식으로 자신의 브랜드를 만들 수 있다는 간략한 개념과 쿠팡에 입점할 수 있는 노하우가 담긴 엑셀파일을 건넸다. 컨설팅은 정말 1시간밖에 걸리지 않았고, 너무 간단해서 왜 '정교한 커리큘럼'이 따로 없다고 이야기했는지 이해가 갔다. 이후 식사를 한 것이 정말 다였다. 나는 실제로 이 1시간의 코칭으로 훗날 월 매출 3천만 원을 만들어낼 수 있었다. 하지만 단순하다고 해서 쉬운 것은 아니다. 엑셀파일의 정보는 A4용지 3장 분량이었지만 이를 실행하기까지 두 사람이 하루 꼬박 16시간씩 6개월을 일했다.

컨설팅이 끝나고 집으로 돌아와 최대한 흥분을 가라앉혔다. 그리고 아내에게 최대한 가벼운 마음으로 시작하는 것처럼 보이도록 간단하게 사업 이야기를 꺼냈다. 다행히 나는 잘 알고 있었다. 사람들이 갖고 있는 사업에 대한 부정적인 인식을. 본업을 버리고 너무 열심히 하거나, 자본금이 많이 투입되는 것 같으면 주변에서는 일단 말리고 본다. 그래서 아내에게 최대한 열정이 없는 척 연기를 했다.

지금도 기억이 난다. 월세 20만 원짜리 소호사무실을 계약한다고 하니 근심과 걱정으로 몇 주간 고민하던 아내의 모습을. 이처럼 처음 N잡러의 길에 들어서면 온갖 걱정과 우려, 만류와 싸우게 된다. 그래서 새로운 분야에 뛰어들 땐 주위에 최대한 알리지 않는 것이 좋다. 걱정하는 지인을 진정시키느라 에너지를 쏟아야 하기 때문이다.

컨설팅 이후 나는 한 달간 굶은 사람이 밥을 먹듯이 게걸스럽게 멘토의 노하우를 흡수했다. 주위에는 평온하게 취미처럼 하는 것으로 보였지만 보이지 않는 곳에서 이를 악물고 최선을 다했다. 얼마 뒤 멘토에게 연락이 왔다. "한 대표, 혹시 쿠팡 로켓배송 입점했어요?" "네, 어제 승인이 났습니다." "와, 다행이다. 오늘부로 로켓배송 입점이 다 막혔거든요." "예?"

갑자기 쿠팡 로켓배송 입점 기준이 높아져서 많은 예비 창업자들이 곤란해졌다는 것이다. 나는 그때 소름이 돋았다. 쿠팡 로켓배송이 막히면 모든 계획이 수포로 돌아가기 때문이다. 운전을 하고 달리고 있는데 방금 건넌 다리가 무너졌다는 소식을 들은 기분이었다. 기뻤고, 무서웠으며, 동시에 안도했다. 나는 그렇게 첫 번째 행운을 만났다.

첫 번째 제품,
첫 번째 판매

나는 세상에 단 하나뿐인 나만의 브랜드로 제품을 런칭하게 되었다.

나의 첫 번째 제품은 차 티백이었다. 멘토에게 벌크(정품과 동일하지만 박스 포장이 아닌 개별 포장되어 판매되는 제품)로 제품을 받기로 했기 때문에 제품 소싱에는 문제가 없었다. 다만 상품 패키지를 정해야 했기 때문에 디자인 선정을 위해 나는 핀터레스트라는 사이트를 사용했다. 핀터레스트는 디자이너 혹은 창작자가 자신의 디자인을 올리는 사이트로, 디자이너를 따로 고용하기 어려운 작은 회사에서 이용하기 좋은 곳이다. 나는 1주일 동안 핀터레스트를 들락거리며 고심했다.

나만의 브랜드로
제품을 런칭하다

관련 식품 디자인뿐만 아니라 화장품부터 과자까지 모두 꼼꼼히 모니터링했다. 상품을 고를 때는 당연히 예쁜 디자인의 제품이 눈에 먼저 들어온다. 그러나 직접 디자인을 고안하기 위해 관련 업체에 단가를 물어보면 거의 제품 가격만큼 비용이 들었다. 해당 패키지를 중국에 주문하고 받아오는 방법도 있었으나 여러 가지 샘플을 살펴보니 패키지의 퀄리티가 너무 떨어졌다. 그 많은 종류의 패키지를 중국에서 보내니 부피가 커 물류비도 상상 이상이었다. 그래서 첫 제품의 디자인을 고민할 때 세 가지 기준을 정했다.

1. 기성품으로 만든다.
2. 패키지 비용이 500원을 넘지 않게 한다.
3. 국내에 어디에도 없는 디자인이어야 한다.

핀터레스트에서 고른 디자인을 머릿속에 그려놓고 시제품을 만들기 시작했다. 시제품을 만들기 위해 포장용품 회사의 재료들을 샘플로 받아 이리저리 넣어보고, 붙여보고, 뽑아봤다. 나는 우리 회사의 티백이 담긴 포장지가 반듯이 서 있으면 좋겠다고 생각했다. 왜냐하면 기존의 티백은 대부분 투박한 디자인의 용기에 담겨 찻장 내부에 숨겨져 있는 경우가 많았기 때문이다. 나는 내 제품이 서랍

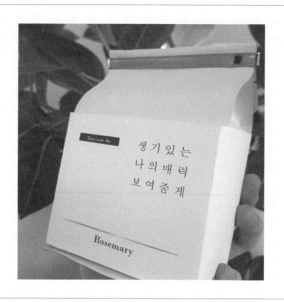

나의 첫 번째 제품. 티백이 쓰러지지 않도록 따로 종이상자를 만들었다.

이 아닌 식탁 위에 나와 있으면 좋겠다고 생각했다.

그런데 문제가 하나 있었다. 티백 겉에 붙이는 스티커는 참 예쁜데 티백을 담은 용기가 픽픽 쓰러졌기 때문이다. 반듯하게 서 있게 하려면 각을 잡아야 하는데, 용기 안의 티백을 써서 어느 정도 양이 줄어들면 용기가 픽픽 쓰러졌다. 그래서 방법이 없을까 고심하다 기성품 중에 패키지가 쓰러지지 않도록 반듯하게 세워주는 종이상자를 발견했다. 종이상자를 한참을 보다가 불현듯이 아이디어가 떠올랐다. '이걸 더 높게 만들어서 예쁘게 디자인을 하면 어떨까?' 그래서 직접 컴퓨터를 켜고 아래한글 파일을 열어 도면을 짰다. 디자인을 넣어 프린트하고 각을 잡아 제품을 생산했다.

그 결과 대기업 기성제품과 견주어도 손색없는 예쁜 상품이 탄생했다. 처음 이걸 만들고 너무 마음에 들어 여기저기 자랑하느라 바쁘게 다녔던 기억이 있다. 디자인을 정한 다음엔 내가 타기팅한 고객에게 맞는 문구를 넣기 위해 고심했다. 나는 차 티백 제품의 잠재고객이 30~40대 여성이라고 생각했고, 그래서 제품에 '생기 있는 나의 매력 보여줄게' '넌 언제나 어디서나 아름다워' 등의 문구를 넣었다. 여성이 가장 아름다울 때가 웨딩드레스를 입었을 때라고 생각해 패키지는 웨딩드레스를 형상화했다. 상품 상단에 있는 금색 띠는 반지를 상징하도록 했고, 티백 제품 옆에는 혼인서약서에서 착안한 문장을 적었다. 이렇게 나는 세상에 단 하나뿐인 나만의 브랜드로 제품을 런칭하게 되었다.

첫 번째 사무실, 첫 번째 판매

처음부터 사무실을 얻으려 한 것은 아니었지만 장기적으로 생각하면 사무실을 얻어야 했다. 내가 구한 소호사무실의 월세는 30만 원이었고, 택배비도 1,700원으로 저렴했기 때문에 제품이 한 달에 30개 정도만 팔려도 임대료는 나오는 구조였다. 사무실을 얻으니 덜컥 겁도 나고 설레기도 했다. 첫 번째 사무실은 딱 3평이었

첫 번째 사무실은 딱 3평이었다. 사진에 보이는 택배상자는 모두 사용하기까지 6개월이 걸렸다.

는데, 물건이 전부 들어오고 나니 사람 하나 지나가기가 어려웠다. 필요한 부자재와 물건이 절반도 들어오지 않았는데 사무실이 꽉 찰 정도였다. 나중에 물건이 모두 들어오니 숨 쉴 공간도 부족했다. 참고로 사진에 보이는 택배상자는 모두 사용하기까지 6개월이 걸렸다.

나는 눈 떠 있는 모든 시간을 투자해 바삐 움직였다. 우선 사업자등록증을 만들고, 통신판매업 신고를 했다. 그리고 모든 서류가 준비되자마자 모든 오픈마켓, 소셜커머스, 쿠팡 로켓배송에 입점을 신청했다. 사실 처음부터 무엇 하나 순조로운 게 없었다. 소비자의 입장에서 여러 쇼핑 플랫폼을 이용할 때는 굉장히 친절하게 느껴졌는데, 판매자의 입장에서는 완전 딴판이었다. 무엇 하나 쉽지 않았고, 고객센터에 전화해도 속 시원하게 풀리지 않는 문제가 대부분이었다.

입점을 마친 이후에는 부지런히 신용카드를 만들었다. 신용카드 6장을 만들어 4천만~5천만 원 정도의 한도를 맞췄다. 당시에는 특수고용직이어서 한도가 많이 나오지 않았는데 인터넷으로 한도를 높이는 방법을 열심히 찾아보고 적용했다. 그리고 컴퓨터부터 포장지 한 묶음까지 소싱에 관련된 모든 물건을 6개월 무이자 할부로 구매했다. 그 뒤 로고 디자이너에게 로고 디자인을 맡긴 뒤 상품 디자인을 시작했다. 디자인을 마친 다음에는 대량 제작에 들어갔다. 대량 제작이 두려운 이유는 물건이 팔리지 않으면 남은 재고를 모두 떠안아야 하기 때문이다. 그러나 보름 안에 첫 번째 제품이 모두 팔리면서 대량 제작에 대한 두려움이 사라졌다.

대량 제작 이후 완성품을 촬영해 상세페이지를 만들었다. 당시에는 상세페이지를 만들 실력이 없다 보니 디자이너의 의견을 많이 반영할 수밖에 없었다. 첫 번째 상세페이지가 완성되었을 무렵, 이미 상세페이지 제작에 수백만 원이 들었지만 마음에 들지 않아 모두 삭제하고 다시 만들었다. 이렇게 여러 우여곡절 끝에 쿠팡 로켓배송에 38종의 티백 상품을 입점할 수 있었다.

쿠팡 로켓배송에 상품견적서를 넣으면 쿠팡에서 모든 상품의 샘플을 2개씩 주문한다. 쿠팡에 2개씩 샘플을 보내고 2개 중에 1개가 팔리면 한 박스 분량의 발주가 들어온다. 바로 이 부분이 컨설팅의 주된 내용이었다. 만약 내가 상품견적서를 등록할 때 한 박스의 기준을 2만 원짜리 상품 100개로 설정했다면, 1개가 팔렸을 때 상품 100개의 주문이 들어오는 구조인 것이다.

약 1만 3천 원짜리 상품이 한 박스에 70개까지 들어갔기 때문에 한 종류당 한 번 들어오는 발주는 약 91만 원이었다. 이 방법으로 38개의 상품이 쿠팡으로부터 샘플 발주가 들어왔고, 1개씩 팔리면서 38개 박스 발주가 들어왔다. 정산을 해보니 무려 3,458만 원(91만 원×38개)이었다. 이렇게 사업을 통해 처음으로 3,500만 원가량의 돈을 벌 수 있었다.

사업을 지키기 위해 N잡러가 되다

만약 월급이 사업소득보다 훨씬 높고 처자식이 있다면 직원을 두고 N잡을 하는 편이 낫다.

본격적으로 사업을 시작하자 점점 해야 할 일은 많아지고, 실수도 늘어나고, 놓치는 일도 생기기 시작했다. 그럴 만도 한 것이 회사원, 라이프코치, 대학원생, 유튜버, 사업 등 어려운 일을 모두 떠안으려고 하니 다리가 찢어질 판이었다. 그러던 찰나에 제대를 앞둔 막내동생과 함께 일하게 되었다. "2년 뒤에 벤츠 사줄게." "20대 때 아파트 하나 정도는 갖고 싶지 않냐?" 등 설득과 회유를 거듭한 결과였다. 사실 그게 아니어도 워낙 나를 잘 따르는 동생이었기에 같이 하자고 하면 했을 것이다(물론 나 혼자만의 생각일 수도 있다). 학생 때 존경하는 사람을 쓰라고 하면 내 이름을 쓸 정도였으니까. 어쨌든 나는 든든한 지원군을 얻었고, 동생은 나의 손과 발이 되어 여러 가지 어려운 일을 해결해주었다.

많은 분이 어떻게 N잡을 하면서 사업을 영위했는지 묻곤 한다. 그럴 때마다 나는 "다 직원들 덕분입니다."라고 이야기한다. 머리 역할만 내가 하고 나머지를 모두 직원에게 위임하는 전략을 사용했기 때문이다. 그리고 큰 방향성은 멘토님에게 맡겼다. 우리는 혼자서 모든 걸 해낼 수 없다. N잡러가 되고 싶다면 이 부분부터 반드시 인지해야 한다. 나 역시 아마 동생이 없었다면 사업가로 절대 성공할 수 없었을 것이다. 그에게 이 자리를 빌려 고맙다는 말을 전하고 싶다.

아마 이 글을 읽으면서 진지하게 퇴사 고민을 하고 계신 분이 있을 것이다. 사람에 따라 상황과 환경이 다르기 때문에 정답은 없다. 하지만 퇴사하기 전에 '월급'에 대한 의미를 다시 한번 점검해보길 권한다.

회사는 언제
관둬야 할까?

온라인 셀러가 사업으로 순수익 200만 원 정도를 벌기 위해서는 3천만 원 정도의 매출을 발생시켜야 한다. 언뜻 보면 쉬울 것 같지만 물건 하나 팔아본 적 없는 사람이 온라인 사업으로 매출을 발생시키기란 쉽지 않다. 그런데 직장은 일단 9시에 출근해서 6시까지 일하면 결괏값에 상관없이 나에게 급여를 준다. 퇴사를 하게 되면 고정적인 수입이 있다는 것이 얼마나 큰 힘이 되는지 느낄 수 있을 것이다. 그래서 나도 사업이 자리를 잡기 전까지는 힘들더라도 N잡을 유지했다.

사업 1년 차 때는 사업소득보다 근로소득이 많았기 때문에 직장을 그만둘 수 없었다. 그래서 직장에서 벌어들이는 근로소득으로 직원을 채용해 사업의 속도를 높였다. 만약 근로소득이 없었다면 직원 채용은 꿈도 꾸지 못했을 것이다. 온라인 사업으로 N잡을 한다는 게 '온라인'이라는 글자 때문에 쉬워 보이지만 실상은 그냥 오프라인 사업과 똑같다.

처음 N잡러가 되면 본업도, 부업도 무엇 하나 제대로 돌아가지 않는 경우가 많다. 또 본업이나 부업이 너무 바빠져 N잡이 불가능해지는 시기가 온다. 그때 대부분 퇴사를 결심하는데 사업소득이 근로소득 이상 나오지 않는다면 참아야 한다. 오히려 그럴 때는 직원을 한 명 더 구하는 것이 좋을 수 있다. 아이러니하게도 본업(직장)을 포기하지 않는 게 부업(사업)을 키우는 지름길이 될 수 있다. 바로 근로소득의 힘 때문이다. 월급이 없으면 직원 채용에도 차질이 생기고, 직원이 없으면 성장도 더딜 수밖에 없다.

직원 채용에 대한 두려움이 있다면 업무를 대행하는 업체를 찾아보는 방법도 있다. 실제로 현재 나에게 3PL(물류 부분 전부 혹은 일부를 아웃소싱하는 것)을 맡기고 본인은 광고 집행과 CS 업무만 간략하게 하면서 사업을 유지하는 사람도 있다. 나에게 3PL을 맡긴 이분은 현재 회사를 꾸준히 다니면서 직원 한 명 없이 월 매출 6천만 원을 달성하고 있는 상황이다.

사업을 키우기 위해
농부가 되다

이렇게 N잡을 병행하다 더 이상 본업을 유지할 수 없는 기점이 생겼다. 사업을 시작하고 3개월이 지나갈 쯤, 아버지께서는 내게 미인풋고추를 팔아보지 않겠냐는 제안을 하셨다. 미인풋고추는 먹는 즉시 혈당이 떨어져서 매스컴에서 뜨거운 반응을 불러일으키고 있었는데, 모종을 구하기 어려워서 나에게는 엄청난 행운이자 기회였다. '농부가 되면 사업을 더 키울 수 있겠는데?' 하는 생각이 들어 농사를 짓기 시작했다.

수확한 미인풋고추는 전국으로 팔려 나갔다. 판매몰은 순식간에 네이버 쇼핑몰 1위가 되어 하루에도 수백 개의 택배를 내보냈다. 그런데 그다음 해 전국의 고추밭에 전염병이 돌기 시작하면서 수확에 차질이 생겼다. 이걸 가까스로 살려 수확을 하긴 했는데 농사를 위탁한 농사꾼이 고추는 이제 돈이 안 된다며 일하기를 거부했다. 그래서 동생과 함께 10분만 나가도 땀에 젖는 여름 땡볕에서 새벽부터 아침까지 고추를 따러 다녔다.

사업을 키우기 위해 나는 농부가 되었다.

이렇게 새벽 5시부터 오후 5시까지 고추를 따고, 나는 본래의 본업으로 돌아가 다시 일을 하는 루틴을 반복했다. 고추를 딴 날에는 당연히 체력이 바닥이었고, 온전한 정신으로 상담을 진행할 수 없었다. 라이프코칭을 하면서 졸음이 쏟아지는 건 10년 만에 처음이었다. 그렇게 약 5개월 정도 고추를 판매하다가 나는 결국 본업, 즉 회사를 나오게 되었다.

회사를 나오겠다고 결심한 이유는 사업적으로 일이 많아지면서 도저히 본업을 제대로 이어갈 수 없었기 때문이다. 당시 사업을 통해 월 500만 원 이상은 벌고 있었기 때문에 직장에서 일하는 시간

만큼 내 회사에서 일하면 되겠다 싶어 퇴사를 결정했다. 그렇게 회사를 퇴사하니 '이제 정말 전쟁터에 뛰어들었구나.' 하는 실감도 나고, 한편으로는 기쁘기도 했다.

다행히 사업이 어느 정도 잘 돌아가니 퇴사를 할 수 있었다. 많은 분들이 N잡에서 전업으로 언제 넘어가야 할지 고민한다. 이는 수입에 따라 다른 것 같다. 만약 월급이 사업소득보다 훨씬 높고 처자식이 있다면 직원을 두고 N잡을 하는 편이 낫다. 반면 사업소득이 근로소득보다 훨씬 높고 처자식이 없다면 사업에 집중하는 것도 나쁘지 않은 선택일 것이다.

월 매출 2억 원의 사업가가 되다

1년 차 이후부터는 좀 더 적극적으로 사람을 채용하기 시작했고, 현재는 20명 가까운 사원들이 함께 일하고 있다.

N잡을 하던 시절에는 한정된 시간으로 최대한 많은 일을 했는데, 전업으로 사업에 집중하자 갑자기 시간이 많이 남게 되었다. 그럼 시간이 많으니 더 열심히 일하게 될까? 아니다. 대부분 더 느슨하게 일을 한다. 학창 시절, 시험 기간이 예정된 일정보다 1주일 뒤로 늦춰진 일이 있었다. 이때 많은 아이들이 긴장이 풀리면서 시험 준비가 느슨해졌고, PC방과 노래방에 놀러 다니느라 시험을 망치는 사례가 속출했다. 내가 추측하기로 시험을 준비하기 위해 공부할 총량을 무의식중에 정해놓았던 것 같다. 즉 문제는 시간이 아니었다.

최근 회사에서 야근 제도를 없애는 이유는 야근을 염두에 두고 일을 하면 마음이 느슨해져 업무 효율도가 낮아지기 때문이다. 업무 효율은 나오지 않는데 시간만 쏟다 보니 직무 만족도도 떨어질 수밖에 없다. 이러한 일이 나에게도 벌어졌다. N잡으로 일을 할 때는 4시간이면 해결되던 일이 전업이 되자 6시간이 소요되었다. 시간이 많다는 생각에 나도 모르게 느슨하게 일을 하게 된 것이다.

처음에 한두 달은 정말 게으르게 보내다가 '이대로는 안 되겠다.' 싶어 어떻게 하면 시간을 알차게 보내며 일할 수 있을지 고민했다. 그래서 우선 모든 종류의 식품 용량을 달리해서 다시 제품을 런칭했다. 그렇게 하자 매출이 1.5배 이상 올랐다. 당연한 결과였다. 고객이 제품을 고를 수 있는 선택지를 넓히는 것만으로도 매출이 올랐다. 그리고 동시에 식품 소분 대행업을 시작했다. 식품 소분업은 포대로 들어온 식품을 디자인된 포장지에 소포장하는 일이다. 식품 소분업 허가를 받으면 다른 업체의 식품을 대신 소분해 포장하는 일을 할 수 있다. 현재는 식품 소분업만으로 월 500만 원 이상의 순수익을 벌고 있다.

이후 3PL 사업을 본격적으로 시작했다. 알고 지내던 대표님께 사무실이 좁다는 이야기를 듣고 3PL 대행을 제안했다. 처음에는 시스템을 잡는 것이 어려웠다. 경험 있는 분야가 아니었고, 대행이라는 게 재고가 몇 개만 오차가 나도 크게 손해를 볼 수 있는 구조여서 신경을 많이 썼다. 어느 정도 체계가 잡힌 현재는 인력을 더 보충해 여러 업체의 물류를 대신하며 꾸준히 수익을 내고 있는 상황

식품 소분업 허가를 받으면 다른 업체의 식품을 대신 소분해 포장하는 일을 할 수 있다.

이다.

　여유가 생긴 다음에는 웹디자이너를 채용해 기존에 있는 상세페이지를 모두 다시 업그레이드했다. 상세페이지 수정을 끝낸 다음에는 주위에 있는 다른 대표님들의 상세페이지 작업을 외주 받았다. 현재는 너무 바빠서 더 이상 외주를 받고 있지 않은데, 나와 자문 계약을 맺은 분들에 한해 외주 서비스를 제공하고 있다. 1년 차 이후부터는 좀 더 적극적으로 사람을 채용하기 시작했고, 현재는 20명 가까운 사원들이 함께 일하고 있다.

새로운 시작,
그리고 사업의 확장

이때 영입한 가장 중요한 인물이 바로 송종국 팀장이다. 처음 함께 사업에 대해 논의했던 송종국 팀장은 개인 사정으로 회사를 좀 더 다니고 있었다. 이후 기존에 다니던 회사를 정리하고 나의 회사에 입사하게 되었는데, 사실 처음 입사할 때만 하더라도 나는 송종국 팀장이 얼마나 많은 능력을 갖고 있는 사람인지 몰랐다. 둘 다 각자의 삶을 살기 바빠 깊은 대화를 나눌 기회가 없었기 때문이다.

송종국 팀장은 수년간 콘텐츠 비즈니스 및 마케팅 분야를 공부한 능력자였다. 실제로 그가 입사하자마자 회사는 180도 달라졌다. 그는 약 2시간 나눈 대화를 바탕으로 혼자 6개월 치 유튜브 콘텐츠 기획서를 가지고 왔다. 그때 이렇게 말했던 기억이 난다. "이 사람아, 이런 능력이 있는데 왜 지금까지 말을 안 했어." 이후 유튜브를 통해 사업을 확장하자는 계획을 세웠고, 콘텐츠팀을 따로 만들기 위해 사무실을 확장했다. 송종국 팀장은 빠르게 콘텐츠팀을 이끌어 매일 콘텐츠를 발행했다. 그렇게 콘텐츠가 쌓여서 만들어진 채널이 바로 유튜브 '대두TV'다.

딱 이 시기에 나를 좋게 봐준 유튜브 '천사와 행복여행' 채널에서 인터뷰 제안이 왔다. 인터뷰 영상이 나간 이후 많은 구독자가 유입되었다. 송종국 팀장은 이번에는 '나'를 브랜딩하기 위해 책을 써보자는 제안을 했다. 책을 작성하는 것이 처음이었지만 송종국 팀장은 이미 책 집필을 해본 경험이 있었고, 바로 책의 목차와 기획서를 만들어 출판사에 제안했다. 그런데 이게 한 번에 출판 계약으로 이어졌고, 지금의 이 책이 세상에 나올 수 있게 되었다. 동시에 현재는 네이버 카페 '나만사(나만의 브랜드로 온라인 쇼핑몰 사업하는 모임)'를 운영하며 많은 온라인 셀러들과 함께 정보를 공유하는 중이다. 해당 커뮤니티를 통해 온라인 사업을 장기적으로 안전하게 운영할 수 있는 노하우를 제공하고 있다.

이런 여정을 밟으면서 사무실을 총 6번 이사했다. 첫 소호사무실에서 2개월을 버티고 한 달 만에 한 칸을 더 빌렸다. 방을 2개를 쓰자 월세로 77만 원이 소요되었는데, 15평에 월세 40만 원짜리 매물이 있어 다시 그쪽으로 이사했다. 참고로 사무실을 얻을 때는 사업이 확장되었을 때를 대비해 이사를 가지 않아도 확장이 가능한 곳을 얻길 바란다. 사업이 성장을 거듭하면서 세 번째 사무실을 여러 차례 확장해 방을 늘렸고, 나는 난생 처음 대표실을 갖게 되었다. 식사와 회의를 할 수 있는 공간도 생겨 굉장히 흡족했다.

처음 방을 확장했을 때는 공간이 넓게 느껴졌는데 다시 3개월이 지나자 비좁게 느껴졌다. 확장을 거듭하다 결국에는 한 층을 모두 쓰기 시작했고 회사는 점점 개미굴처럼 되어갔다. 제품 사진을 찍을 공간이 부족할 정도로 여유 공간이 없었다. 그렇게 2년을 버티다 직원이 10명이 넘어가자 한계에 봉착했다. 공간이 비좁으니 실수의 빈도와 스트레스가 높아졌고, 적당한 곳을 알아보다 지금의 사무실로 이사를 가게 되었다.

120평 사무실의 로비. 사업을 하는 동안 가장 행복했던 날이 사무실을 이곳으로 옮겼을 때다.

120평가량의 사무실을 구했는데, 기존과는 전혀 다르게 사무실을 꾸몄다. 사업을 하는 동안 가장 행복했던 날이 이 사무실로 옮겼을 때다. 지금 다시 생각해도 기분이 좋다. 사실 내색은 안 했지만 비좁은 공간에서 묵묵히 최선을 다해주는 직원들이 고맙기도 하고 미안하기도 했다. 마음 같아서는 더 많은 월급을 주고 싶지만 아직은 여력이 안 되어 늘 미안한 마음을 갖고 산다. 그래서 환경이라도 좋게 제공해주자는 생각에 지금의 사무실로 회사를 확장 이사하게 되었다.

나는 회사에서 함께 일하는 직원을 단순히 일을 대신해주는 노동자로 생각하지 않으려 한다. 회사의 직원이자 내부 고객이라 생각하며 함께 소통하는 문화를 만들어가려고 노력하고 있다. 아직 너무나 부족한 회사라 내세울 것은 없지만 함께 일하는 직원들과 같이 좋은 미래를 꿈꿀 수 있도록 노력할 것이다.

온라인 셀러
Q&A

Q 소싱은 어떻게 하는 건가요?

Ⓐ 상품 소싱은 기존의 플랫폼(네이버 쇼핑, 쿠팡 등)에서 보편적으로 판매되는 가격보다 내가 이익을 볼 만큼 싸게 상품을 구매하거나 혹은 위탁판매 권한을 받는 것을 의미한다. 이것이 기본적인 소싱이다. 소싱 방법으로는 해당 상품의 상세페이지에 적힌 제조사 혹은 총판을 찾아 연락하거나, 알리바바나 타오바오 같은 도매 사이트에서 해당 상품을 찾아 구매하는 방법이 있다.

상품 소싱이나 위탁판매로 거래되는 상품은 브랜드가 없거나 자신의 브랜드 상품이 아니므로, 고객이 있다 하더라도 내 회사만 찾는 단골층으로 만들기는 어렵다. 그리고 중국에서 소싱한 공산품은 판매가 잘되더라도 젠트리피케이션(낙후된 구도심 지역이 활성화되어 중산층 이상의 계층이 유입됨으로써 기존의 저소득층 원주민을 대체하는 현상)과 유사한 현상이 벌어져 경쟁자들이 대거 유입될 수 있다는 단점이 있다. 따라서 상품 소싱은 무작정 핫한 아이템을 찾기보다는 자신만의 기준을 세우는 것이 좋다.

나는 사업을 연애로 비유하길 좋아하는데 상품 소싱도 똑같은 이치다. 단골층과 여자친구를 만드는 과정은 동일하다. 사귀기 전이든 연애를 하는 중이든 관계없이 좋아하는 이성에게 선물을 하려고 처음부터 수백만 원을 쓰지는 않는다. 왜냐하면 내가 아직 상대방의 취향을 모르기 때문이다. 그래서 작은 선물을 주면서 상대방의 취향을 알아간 뒤 점점 더 고가의 선물을 사주는 식으로 실패 확률을 줄인다. 그런데 역으로 선물을 사놓고 여자친구를 구하러 다닌다면 어떨까? 이상하지 않은가? 그런데 안타깝게도 대부분의 초보 셀러들이 이렇게 비즈니스를 시작한다. 가장 인기 있는 샤넬백을 구매한 뒤 도로 한복판에 나가서 샤넬백을 좋아하는 이성을 찾는 격이다.

정리하자면 잘나가는 아이템으로 무작정 사업을 시작하기보단 자신에게 맞는 잠재고객을 선정하고, 그 고객이 좋아하면서 동시에 자신이 줄 수 있는 아이템 카테고리를 고민해야 한다. 이후 카테고리를 추린 다음 자신이 좋아하고 주력 아이템으로 이용하기 좋을 것 같은 아이템을 다시 한번 추리길 바란다. 이렇게 큰 범주의 카테고리와 세부 키워드가 잡히면 키워드 검색툴을 바탕으로 시장 조사를 시작하면 된다. 다시 한번 강조하지만 아이템을 먼저 결정하고 잠재고객을 찾는 건 일을 거꾸로 하는 것이다. 아이템 선정에 앞서 잠재고객부터 고려하고 카테고리를 찾기 바란다.

Q 온라인 쇼핑몰에 취업하면 도움이 될까요?

A 온라인 쇼핑몰에 취업하면 무엇을 배울 수 있을까? 업무가 돌아가는 구조는 고깃집과 다를 바 없다. 다만 손님이 내 눈앞에 있느냐, 없느냐의 차이뿐이다. 손님이 들어오고(클릭 유입), 이후 주문을 하고(전환), 주문서를 주방에 넘기고(운송장 뽑기), 음식을 만들고(포장), 완성된 음식을 손님에게 서빙한다(포장한 물건을 택배기사에게 넘긴다). 이게 전부다.

온라인 쇼핑몰 회사 안에서 하는 일은 지극히 단순하다. 중간관리자가 아닌 이상 말단직원으로 일한다고 해서 온라인 쇼핑몰 운영에 필요한 핵심적인 노하우를 배울 수는 없다. 이런 단순한 일을 해보는 것이 정말 도움이 될까? 만약 자신이 일머리가 없거나, 타인과 팀워크를 다지며 일하는 조직 문화를 전혀 경험해본 적이 없다면 도움이 될지 모른다.

중요한 건 온라인 쇼핑몰에서 일을 하느냐, 마느냐가 아니다. 어떤 온라인 쇼핑몰 대표와 소통을 하느냐가 중요하다. 사업을 할 때 온라인 쇼핑몰에 취업하라고 추천하는 이유는 온라인 쇼핑몰 대표가 직원, 비즈니스 파트너, 가족이 아니면 자신의 귀한 시간을 내어 당신을 만나주지 않기 때문이다. 직원이 되면 그 대표의 행동과 판단과 그로 인해 돈을 버는 과정을 간접적으로라도 경험하고 확인할 수 있다. 그런데 만약 대표가 직원을 시스템의 일부 정도로만 생각하고, 일하는 자신도 진취적이지 못하다면 그 무엇도 배우기 어려울 것이다.

인생은 누굴 만나느냐에 따라 크게 달라진다. 만약 온라인 쇼핑몰에 취업하려 한다면 내가 대표를 면접 본다는 마음가짐으로 면접에 임하자. 면접장에서 자신의 시간과 열정을 들여 함께할 만한 대표인지 직접 확인하는 것이다.

ⓠ 어떤 책을 보면 좋을까요?

Ⓐ 주변에서 "도움이 될 만한 책을 추천해주세요."라는 요청을 많이 받는다. 그러면 나는 "책은 골라 읽는 게 아니라 다 읽는 겁니다."라고 이야기한다. 어떤 마음에서 질문하는지는 잘 알고 있다. 자본주의 사회에서는 당연히 적은 노력으로 큰 결과를 만들어내는 자가 승리한다. 그러나 적은 노력이라는 게 너무 적은(?) 노력을 뜻하는 것은 아니다.

보통 책을 추천해달라고 하는 경우를 보면 앞으로 자신이 이 일을 평생 하게 될지도 모르는데 자신이 하고자 하는 분야에서 10권의 책도 채 읽지 않은 경우가 많다. 그러면서 "시간이 너무 없다."라고 변명 아닌 변명을 한다. 그런 분들에게 나는 "그렇게 시간이 없는데 사업은 어떻게 하실 겁니까?"라고 되묻곤 한다.

혹시 이런 마음으로 책 추천을 바란다면 우선 관련된 주제로 시중에서 가장 잘 판매되고 있는 1~10위 책을 모두 구매해서 읽어보기 바란다. 분야를 망라하고 처음 시작하는 분야에선 이 방법이 최선이다. 그 책이 좋은 책이든 나쁜 책이든 일단 10권 이상 읽으면 전체적은 맥락은 파악될 것이다. 10권도 읽지 않으면, 즉 맥락을 모르는 상태에서는 좋은 책을 읽어도 이해력이 부족할 수 있다.

2장

초보 사업가를 위한
마인드셋

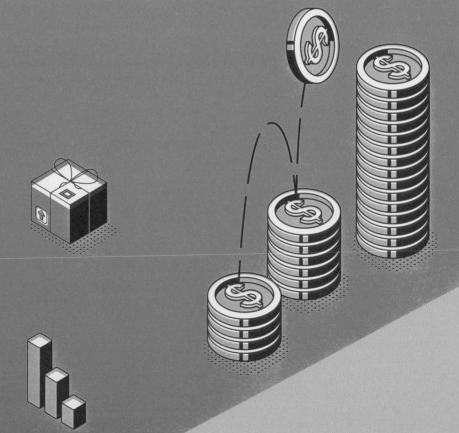

은퇴 후 40년, 연금만 믿을 수 없다

당신의 노후 준비는 어떠한가? 당신의 노후를 떠올려보라. 어떤 모습이 그려지는가? 행복한 모습인가, 암담한 모습인가?

잡코리아와 알바몬에서 30~40대 직장인 2,385명을 대상으로 노후 준비에 대한 생각을 묻는 설문조사를 진행했다. 그 결과 무려 74.1%가 노후 준비를 잘 못 하고 있다고 답한 것으로 나타났다. 노후 준비를 잘 못 하는 이유를 다시 묻자 '현재 소득 자체가 적어서' '자녀 교육비 때문에' '전세 및 집 구매 대출금 때문에' '높은 물가 때문에' 등의 답변이 나왔다.

자신의 노후가 암담하고 불안하다고 느끼는 직장인이 많은 이유는 노후 대비를 잘 하지 못하고 있기 때문이다. 당신의 노후 준비는 어떠한가? 당신의 노후를 떠올려보라. 어떤 모습이 그려지는가?

행복한 모습인가, 암담한 모습인가? 노후가 기다려지고 행복한 모습이길 진심으로 바라지만 만약 그렇지 않다면 무엇 때문인가? 대책은 있는가? 빈부 격차가 점점 커지고 있는 요즈음, 우리는 다가올 미래에 대해 진지하게 고민해봐야 한다.

당신의 노후는
안녕한가?

적은 소득에서 쪼개고 쪼개 정말 재테크를 열심히 했다고 가정해보자. 그렇다면 문제가 해결될까? 은퇴를 할 시기가 되면 자녀의 교육비와 결혼자금에 돈을 쓰게 된다. 〈2020 KIDI 은퇴시장 리포트〉의 통계에 따르면 40~50대는 은퇴 후에도 자녀의 교육비와 결혼자금으로 평균 1억 7천만 원을 쓰는 것으로 나타났다. 반면 퇴직금은 평균 1억 원 정도에 불과해 타산이 안 맞는다. 즉 자신의 노후자금을 끌어다 자녀의 교육비와 결혼자금에 쓰게 되는 셈이다.

나는 전업 셀러가 되기 전까지 라이프코칭을 10년간 해왔다. 좋아하는 일이었고 잘할 자신도 있었다. 하지만 처음부터 모든 일이 잘될 수는 없는 법. 이 일 역시 하는 만큼 실적에 따라 수익이 생기는 구조여서 처음에는 소득이 일정하지 않아 힘들었다. 돈 때문에 시작한 일은 아니었지만 돈 때문에 모든 고민이 생겼다. 그래서 꼭 좋아하는 일로 돈도 많이 벌고 성공하겠다는 독한 마음을 품었다. 그렇게 버티고 버텨 임계점을 지나니 조금씩 고객이 확보되었고, 경력이 쌓이면서 대기업 연봉 부럽지 않을 정도의 수준에 이르렀다. 어떨 때는 한 달 수익이 1천만 원이 넘을 때도 있었다. 하지만 수입이 많아졌음에도 불구하고 경제적인 문제는 해결되지 않았다.

수입이 가장 높은 시기에는 매일 10~12명 이상의 내담자들을 상담했는데, 이렇게 1년을 쉴 틈 없이 달리자 건강에 적신호가 왔다. 모든 일이 그렇지만 건강이 나빠지면 업무를 더 이상 잘할 수가 없게 되고 수익에도 문제가 생긴다. 노동으로 버는 수익은 노동을 못 하면 줄어들 수밖에 없다. 그때 어렴풋이 사업을 해야겠다는 생각이 들었다. '근로소득이 아무리 높아봤자 결국엔 다 소용이 없구나. 내가 일하지 않아도 꾸준히 돈이 벌리는 시스템이 필요하구나!' 하는 생각 때문이었다.

인생을 운영하기 위해선
충분한 자원이 필요하다

지금은 고전게임이 되었지만 나는 누군가에게 사업에 대해 설명할 때 '스타크래프트'라는 전략 시뮬레이션 게임에 비유하곤 한다. 스타크래프트는 일꾼이 자원을 열심히 수확해서 건물을 짓고 군사를 만들어 적 팀과 싸우는 게임이다. 근로소득만으로 풍요로운 삶을 산다는 것은 일꾼이 되어 열심히 자원을 캐서 그것을 창고에 모아놓는 것과 같다. 나 또한 그랬고, 지금도 많은 직장인이 그렇게 부자를 꿈꾸며 열심히 돈을 벌고 있다. 하지만 결국엔 자원이 고갈되든, 일꾼의 건강에 적신호가 켜지든 문제는 발생하기 마련이다. 자원도 건강도 영원할 수는 없다. 그렇기 때문에 스타크래프트 게임을 할 때는 어느 정도 자원이 쌓이면 기지를 하나 더 짓는 방식으로 본진 확장을 한다. 여기서 본진의 확장은 돈이 만들어지는 시스템 구축을 의미한다.

인생이라는 긴 게임을 잘 운영하기 위해선 충분한 자원이 있어야 한다. 나름대로 최선을 다하고 있는 듯한데 상황이 나아지지 않고 있다면, 혹시 본진 한곳에서 계속 한정된 자원만 캐고 있지는 않은가? 또 본진의 자원이 고갈되면 해결할 방법은 있는가? 자본주의 사회에서 부자가 되기 위해선 일꾼이 아니라 여러 개의 본진을 갖고 있는 사람, 즉 시스템을 구축하는 사람이 되어야 한다.

시스템을 구축하기 위해서는 '돈'의 흐름을 잘 이해해야 한다. 쉽게 말해 돈 나올 구멍부터 찾아야 한다. 소득의 종류는 크게 근로소득, 양도소득, 퇴직소득, 배당소득, 연금소득, 이자소득, 사업소득 일곱 가지로 구분된다. 그러나 퇴사 이후 근로소득은 사라지고, 일시적인 소득인 양도소득과 퇴직소득 역시 머니 파이프라인으로는 부적합하다. 자본소득에 해당하는 배당소득, 연금소득, 이자소득은 큰 자본금이 없으면 정기적인 돈의 흐름을 만들 수가 없다. 결국 남은 것은 '사업소득'이다.

나도 한때는 열심히 자원을 캐서 먹고사는 노동자였다. 하지만 현재는 전업 셀러가 되어 돈이 돈을 버는 시스템을 구축했다. 단언컨대 과거보다 현재의 삶이 더 만족도가 높다. 돈만 많이 벌고 있는 게 아니라 시간도 함께 벌고 있기 때문이다. 근로소득에 의존할 때는 시간이 정말 없었다. 아플 시간조차 없었다. 부자가 부러운 이유는 그들에게 상황에 쫓기지 않는 '여유'가 존재해서라고 생각한다. 여러분의 생각은 어떠한가?

변화하지 않으면
살아남을 수 없다

왜 이렇게 문을 닫는 가게가 많은 걸까? 원인은 크게 외부적인 요인과 내부적인 요인이 있다.

한국은 OECD 국가 중 자영업자 비중이 일곱 번째로 높은 나라다(2020년 기준). 그만큼 인구수 대비 개인사업자가 굉장히 많다는 뜻인데, 실제로 국민 4명 중 1명은 자영업을 하고 있다고 한다. 문제는 높은 폐업률이다. 국세청에 따르면 2019년 기준 신규 개업 대비 폐업률은 72.3%에 달했다. 이렇게까지 폐업률이 높은 이유는 무엇일까? 통계청 조사 결과, 폐업한 사업체 90만 개 중 38만 개가 폐업 사유로 '사업 부진'을 꼽았다.

모든 것을 데이터로 판단할 수는 없지만 전체적인 시장의 흐름을 읽기 위해선 데이터를 분석할 필요가 있다. 국세청과 통계청의

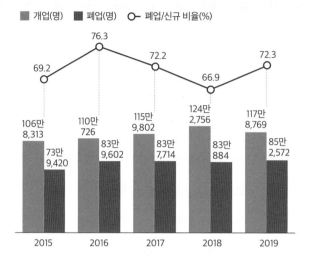

개업(명)　■ 폐업(명)　○ 폐업/신규 비율(%)

76.3

69.2

72.2

66.9

72.3

106만
8,313

110만
726

115만
9,802

124만
2,756

117만
8,769

73만
9,420

83만
9,602

83만
7,714

83만
884

85만
2,572

2015　2016　2017　2018　2019

자료: 국세청

자료만 놓고 보면 사업은 성공할 확률보다 실패할 확률이 훨씬 높은 게임이다. 사업을 한다고 하면 주변에서 버선발로 만류하는 이유가 여기에 있다. 폐업의 원인을 보면 '당연히 사업이 부진하니까 폐업하지 굳이 데이터를 봐야 알 수 있는 건가?'라는 생각이 들지만, 여기서 멈추지 말고 좀 더 자료를 심도 깊게 분석해야 한다. 무엇 때문에 사업이 부진한 상태가 되는 걸까? 왜 이렇게 문을 닫는 가게가 많은 걸까? 원인은 크게 외부적인 요인과 내부적인 요인이 있다.

자영업자에게
필요한 경영능력

먼저 외부적인 요인은 시장 환경이 변화되는 것이다. 코로나 19가 불거지는 등 경기가 전체적으로 어려워져 소비자들이 지갑을 열지 않게 되면 당연히 자영업자도 힘들어진다. 그다음으로 내부적인 요인은 대표의 경영능력이다. 지금처럼 변화가 빠른 시대에 살고 있는 우리에게 필요한 것은 변화에 빠르게 적응하고 적용하는 경영능력이다.

『자영업자 트렌드 2019』에서는 자영업자의 생존율을 높이는 경영능력 다섯 가지를 소개한다. 다섯 가지 능력은 각각 타기팅 능력, 디지털 대응력, 공간 기획력, 콜라보레이션 능력, 가벼운 창업 및 민첩한 경영이다. 이 중 타기팅 능력을 제외한 나머지 능력은 과거 작은 회사들의 경영 방식과는 완전히 반대되는 속성을 갖고 있다. 여기서 공간 기획력과 콜라보레이션 능력은 '유연한 사고'에 해당하는데, 공간을 다른 용도로 함께 사용하거나 동종 업계 또는 시너지를 낼 수 있는 사업체와 콜라보레이션을 하는 것이 대표적이다. 가벼운 창업 및 민첩한 경영 역시 과거 '한 방을 크게 노리는' 창업 방식에서 벗어난 '요즘 시대'에 어울리는 기민한 경영 방식에 해당한다. 아울러 제4차 산업혁명 속에 살고 있는 우리에게 반드시 필요한 능력이기도 하다.

여기에 개인적인 생각을 더하면 디지털 대응력을 키우면 저절

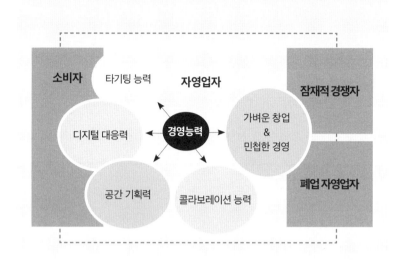

로 공간 기획력, 콜라보레이션 능력, 민첩한 경영이 따라온다고 생각한다. 특히 현재 오프라인 매장을 갖고 있는 소상공인이라면 더더욱 좋은 기회가 될 수 있다. 시장의 판도가 오프라인에서 온라인으로 옮겨지고 있기 때문에 오프라인의 규모를 줄여 인건비와 고정비를 최대한 아끼고 온라인 매장 개설에 집중하면 매출을 크게 성장시킬 수 있다. 아울러 온라인에서 고객과 소통할 수 있는 채널을 만들어 본인이 다루고 있는 상품을 꾸준히 홍보한다면 단골을 만들기도 용이하다. 온라인으로 사업을 시작하면 초기 비용과 고정비가 많이 들지 않아 민첩한 경영이 가능해진다.

자신의 능력을
피보팅하라

『트렌드 코리아 2021』에서 발표한 10대 트렌드 키워드 중 우리는 '피보팅 전략'이라는 말에 주목해야 한다. 피보팅(Pivoting)에 대해 간략하게 설명하자면 원래는 '축을 옮기다.'라는 뜻의 스포츠 용어인데, 코로나19 이후에는 사업의 전환을 일컫는 중요한 경제용어가 되었다. 피보팅의 종류로는 핵심 역량 피보팅, 하드웨어 피보팅, 타깃 피보팅, 세일즈 피보팅이 있다. 이 네 가지 모두 축의 전환에 따라 빠르게 변화해야 하는 역량을 의미한다.

이미 사업을 시작한 자영업자라면 앞에서 제시한 다섯 가지 경영능력과 네 가지 피보팅 전략 중에서 무엇이 부족한지 생각해보자. 나 역시 가장 익숙했던 본업에서 벗어나 새로운 영역에 도전하기까지 하나부터 열까지 정말 쉬운 일이 하나도 없었다. 말 그대로 뼈를 깎는 성장통이 뒤따랐다. 단언컨대 현대 사회는 디지털 트랜스포메이션(DT; Digital Transformation) 시대다. 사업을 하려고 마음 먹고 현재 이 책을 보고 있다면 디지털 대응력을 발판 삼아 자신의 사업을 피보팅해야 한다.

직장인이라면 무작정 사업에 뛰어들기보단 성공할 수밖에 없는 상황을 만든 다음 사업을 시도하고, 자영업자라면 자신의 사업을 피보팅해 디지털과 오프라인 매장을 연결해야 한다. 다시 한번 강조하지만 지금 모습 그대로 타성에 젖어 살다간 돈을 벌기는커녕 불안한 노후만 남을 뿐이다. 시대는 우리에게 변화를 요구하고 있다. 모른 척하며 스스로 합리화하지 말고 또 다른 머니 파이프라인을 만들어 점차 노동의 시간을 줄여나가길 바란다. 그것의 첫 시작으로 온라인 쇼핑몰은 나쁘지 않은 선택이다.

퇴근 후 2시간, 부의 골든타임을 잡아라

어제와 다른 삶을 살겠다는 결심을 했다면 이제 행동과 실천으로 옮기기만 하면 된다. 다른 건 필요 없다.

최근에는 코로나19로 인해 사업이 어려워졌다는 이야기를 자주 듣곤 한다. 그러나 과거에도 위기는 늘 있었다. 멀리는 1997년 IMF 외환위기가 있었고, 가까이는 2008년 글로벌 금융위기가 있었다. 코로나19 사태 이후에도 언젠가는 또 위기가 찾아올 것이다. 그때마다 상황을 탓하며 폐업을 선택할 것인가? 모든 일에는 양단이 있다. IMF 외환위기는 2000년대 들어 산업화 시대의 패러다임에서 벗어나 독자적인 경제 모델을 개발하는 계기가 되었고, 2008년 글로벌 금융위기 역시 금융 시스템의 개혁과 금융 안정성 향상을 야기하는 순기능이 있었다.

코로나19 이후의 세상은 어떨까? "환경이 깨끗해졌다." "감기를 달고 살았는데 올해는 감기 한 번 안 걸렸다." "오랜만에 가족들과 시간을 가졌다." 등 분명 긍정적인 부분도 있다. 사실 코로나19뿐만 아니라 모든 일이 그렇다. 불행에는 행복이, 행복에는 불행이 섞여 있다. 개인적으로 코로나19로 인해서 가장 좋았던 점은 불필요한 인간관계가 정리된 것이다. 덕분에 여유 시간이 확보되어 사업에 더 전념할 수 있었다.

늘어나고 있는 N잡러

우리는 하루에도 몇 번씩 '시간이 없다.'라고 습관처럼 내뱉곤 한다. 코로나19 양성 환자와 동선이 겹쳐 2주간 자가격리를 하게 된 지인이 있는데, 그는 평소 그렇게 갖고 싶었던 여유 시간이 생겼음에도 시간을 어떻게 사용해야 될지 모르겠다면서 난감해했다. 사실 그동안 우리가 시간에 쫓긴 이유는 시간이 부족해서가 아니었다. 즉 여유 시간의 문제가 아니라 무엇을 할지, 하지 않을지 결정하고 시간을 쪼개 관리하는 능력이 부족할 뿐이었다. 그러니 시간을 조금만 효율적으로 활용하면 누구나 사업과 본업을 병행하는 N잡러가 될 수 있다.

본업이 따로 있는 예비 창업자라면 퇴근 후의 시간을 잘 활용해

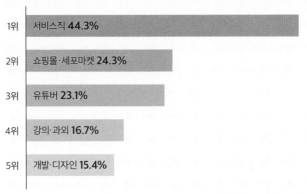

직장인 선호 N잡 순위

1위 서비스직 **44.3%**

2위 쇼핑몰·세포마켓 **24.3%**

3위 유튜버 **23.1%**

4위 강의·과외 **16.7%**

5위 개발·디자인 **15.4%**

*직장인 642명 대상, 복수 응답
자료: 잡코리아

야 한다. 최근 52시간 근무제가 도입되면서 투잡을 넘어 N잡을 하는 사람들이 점점 늘어나고 있다. 여유 시간은 늘었지만 근무 시간이 줄면서 소득도 같이 줄어들었기 때문이다. 자영업자들 역시 불경기로 손님이 뜸해지니 N잡에서 답을 찾기 시작했다.

잡코리아가 직장인 642명을 대상으로 N잡 의향에 대해 조사한 결과를 보면 이제 N잡은 선택이 아닌 필수처럼 보인다. 응답자 중 84.1%는 N잡 의향이 있다고 답했으며, 이 중 16.1%는 이미 N잡을 하고 있다고 답했다. 선호하는 N잡으로는 서비스직(44.3%)이 1위, 쇼핑몰·세포마켓(24.3%)이 2위, 유튜버(23.1%)가 3위였다. 서비스직이 1위인 이유는 아마도 특별한 자격 요건 없이 곧바로 할 수 있는 일이기 때문으로 보인다. 하지만 우리의 목표는 근로소득을 추가하는 것이 아니라 돈을 버는 시스템을 구축하는 것이다. 결국 특별한 특기나 능력이 없는 한 가장 빠르고 효과적인 방법은 온라인 쇼핑몰 창업이라고 생각한다.

시간 관리가
반이다

우리는 일을 더 많이 해서 시간과 돈을 바꾸고 싶은 것이 아니라 노동의 늪에서 벗어나고 싶어서 N잡러가 되는 것이다. 짧은 세월을 살았지만 상담을 하면서 깨달은 것이 있다. 사람은 사는 대로 생각하며 살아가는 사람과 생각하는 대로 살려고 노력하는 사람으로 나뉜다는 것이다. N잡 이야기를 하다가 대뜸 사람 이야기를 하는 이유는 N잡을 통해 추가로 소득이 생기면 거기에 안주하는 경우가 많기 때문이다. 비단 N잡에만 그치는 상황은 아니다. 인생의 맥락도 그렇다. 처음에는 분명히 다른 목적으로 시작했는데 그 목적으로 가는 길 가운데에서 옆길로 빠져 안주해버리는 경우가 많다. 그렇게 되면 영원히 원하는 인생은 살 수 없다. 작은 성공과 실패에 일희일비하지 말고 우직하게 목표만 보고 달려야 한다.

소득이 부족해서 돈을 더 벌고 싶은 마음으로 N잡을 시작했다면 언제 N잡을 그만둘지도 정해야 한다. '사업이 이 정도 성장하면 본업을 관두고 경영에 몰두하겠다.' '부업으로 버는 돈이 본업의

2배가 되면 N잡을 그만두겠다.' 등 명확한 기준을 먼저 세우고 N잡 러가 되어야 한다. 사실 N잡러가 되는 건 그리 어렵지 않다. 사업이 든, 유튜브든, 아르바이트든 일단 시작하면 된다. 그런데 문제는 여 유 시간을 잘 관리하지 못해 도태되는 사람들이다. 이유를 들어보 면 참 핑계도 가지각색이다. 물론 저마다 사정이야 있겠지만 자신 의 게으름을 환경 탓으로만 돌리는 사람은 필연적으로 도태될 수밖 에 없다. 시간 관리와 의지력은 따로 노하우가 필요한 영역이 아니 다. 그냥 나태함을 이기지 못했을 뿐이다. N잡이든, 사업이든 관건 은 철저한 시간 관리인 셈이다.

중요한 건
행동과 실천

사업을 한다는 것은 죽느냐 사느냐의 문제다. 앞에서도 이야기 했지만 자영업자의 폐업률은 70~80%에 육박한다. 피 같은 돈과 시 간을 투입해야 하는데 나태함과 게으름 탓에 망한다면 변명의 여지 가 없는 것이다. 이건 도전자의 마인드가 아니다. 나이, 경력, 직책 을 불문하고 모르는 영역에 새롭게 발을 들이고자 한다면 도전자 의 마인드를 가져야 한다. 챔피언이 링 위에서 나를 기다리고 있는 데 잠이 오는가? 자신의 뺨을 때려서라도 잠에서 깨어 링 위에 서 야 할 것이다.

"어제와 똑같이 살면서 다른 미래를 기대하는 것은 정신병에 가깝다." 아이슈타인은 말했다. 명심하자. 어제와 다른 삶을 살겠다는 결심을 했다면 이제 행동과 실천으로 옮기기만 하면 된다. 다른 건 필요 없다.

N잡러를 위한
자본 관리 4단계

현재 자신이 갖고 있는 자본의 포트폴리오를 파악해 무엇이 부족하고
충분한지 점검할 필요가 있다.

그러면 퇴근 후에 확보된 피 같은 시간을 어떻게 활용해야 할까? 『나는 직장에 다니면서 12개의 사업을 시작했다』의 저자 패트릭 맥기니스(Patrick McGinnis)는 '10% 사업가 프로그램'을 소개한다. 책에서 제시하는 전체적인 맥락은 이렇다. 자신이 갖고 있는 자본(시간, 금전, 재능, 기회)을 파악한 후 적절한 사업 유형을 선택하고, 본업을 유지하면서 자신이 갖고 있는 자본의 단 10%만 새로운 사업에 투자하라는 것이다. 이 방법을 통해 누구나 안정적으로 본업을 유지하면서 사업 실패에 대한 리스크를 최소화할 수 있다는 주장이다.

사실 패트릭의 방법은 한국 사회에 딱 들어맞지는 않는다. 사업에 전력투구하지 말고 일부 자본만 투입하라는 뜻인데 전력을 다하지 않고 성공할 수 있는 분야가 과연 몇이나 될까? 그럼에도 불구하고 이 책을 소개하는 이유는 N잡으로 본업 외에 다른 비즈니스를 하려는 우리에게 도움이 되는 부분이 많기 때문이다.

가장 중요한 건
자본 관리

창업에는 돈뿐만 아니라 다른 다양한 자본이 소요된다. 현재 자신이 갖고 있는 자본의 포트폴리오를 파악해 무엇이 부족하고 충분한지 점검할 필요가 있다. 사업가가 관리해야 할 4개 자본은 각각 시간자본, 금전자본, 지적자본, 기회자본이다. 이 중에서 자신에게 부족한 부분이 무엇인지 명확해지면 올바른 방향 설정이 가능해진다. 방향 설정만 제대로 해도 많은 시간과 비용을 절약할 수 있다. 예를 들어 금전자본은 많고 시간자본이 부족하다면 직원을 채용해 사업체를 굴리는 게 가장 효과적이다. 그런데 이 상황에서 무작정 돈을 아끼겠다고 자신이 직접 모든 일을 다 하려고 하면 갖고 있는 금전자본을 제대로 활용하지 못하고 시간자본만 낭비하는 셈이다. 반대로 시간자본이 많고 금전자본이 부족하다면 초기에는 자신이 직접 발로 뛰며 일을 하는 게 효과적인 방법일 수 있다.

이런 방향 설정은 개인이 갖고 있는 자본과 상황이 모두 다르기 때문에 정해진 정답은 없다. 그래서 상황과 환경의 차이를 감안하지 않고 '이렇게 하면 사업을 키울 수 있고, 이렇게 하면 성공할 수 있다.' 하는 식의 코칭은 매우 위험하다. 내가 구독자들을 대상으로 방향 설정 코칭을 무료로 시행하고 있는 이유도 이 때문이다. 우선 개인의 부족한 부분과 강점을 정리한 다음 사업의 규모를 키울 수 있는 방법을 모색해야 한다.

1. 시간자본 관리

당연한 소리겠지만 시간이 많으면 유리하다. 우리가 퇴근 후 자투리 시간을 잘 활용해야 하는 이유도 이 때문이다. 하루에 최소 2시간 정도는 온라인 쇼핑몰 창업과 관련된 공부에 할애해야 한다. 끊어진 시간을 모아 틈틈이 2시간을 채우는 게 아니라 될 수 있으면 연속해서 몰입할 수 있는 2시간이 필요하다. 만약 현재 이마저도 안 된다면 당장 책을 덮고 상황부터 바꾼 다음 다시 책을 읽기 바란다. 우리는 새로운 영역에 도전하는 도전자다. 그런데 하루에 2시간조차 시간을 내지 못한다면 창업은커녕 아무것도 이룰 수 없다. 애매하게 시간을 낭비하느니 차라리 가족과 함께 시간을 보내는 편이 낫다.

마음 같아서는 하루에 최소 5시간 이상은 필요하다고 이야기하고 싶지만 가능한 사람이 많지 않다는 것을 잘 안다. 그러니 공부에 몰입할 수 있는 2시간은 어떻게든 확보하길 바란다. 생각보다 많은 사람이 시간 관리를 잘 못한다. 만성적인 야근에 시달리는 일자리가 아니라면 퇴근 후의 시간만 잘 활용해도 충분히 2시간은 확보할 수 있다.

2. 금전자본 관리

온라인 쇼핑몰이라고 해서 초기 비용이 전혀 들지 않는 것은 아니다. 물론 무자본 창업이 불가능한 것은 아니지만 무자본 창업은 한계가 분명하다. 예를 들어 무자본 창업으로 온라인 쇼핑몰 사업을 시작하면 하루 2시간 투자로 6개월 이내에 순수익 월 1천만 원이 가능할까? 불가능에 가깝다. 무자본으로 이보다 더 높은 매출을 기록한 극소수의 사례가 존재하기는 하지만 우리처럼 평범한 사람들에게는 불가능한 일이라고 생각한다. 하지만 이런 건 가능할 수 있다. 하루 2시간 투자로 6개월 이내에 월 순수익 30만 원 만들기. 이것도 사람과 상황에 따라 다르지만 불가능하지는 않다.

요지는 온라인 사업이라고 해서 오프라인 사업과 다른 건 아니라는 것이다. 이 부분에 대해서 차차 이야기하겠지만 어떤 사업이든 초기 자본은 매우 중요하다. 돈을 많이 가진 사람과 적게 가진 사람이 펼칠 수 있는 전략은 다를 수밖에 없고, 결과를 만들어내는 속도도 다를 수밖에 없기 때문이다. 물론 돈을 많이 갖고 있어도 방법을 제대로 모르면 무용지물이겠지만. 어찌 되었든 만약 당신이 3천만 원 정도의 여유자금이 있다면 과장을 조금 보태서 무자본 창업보다 4~8배 정도는 빨리 갈 수 있다.

3. 지적자본 관리

우선 자신이 가지고 있는 지식이 무엇인지부터 파악해야 한다. 여기서 지식이란 온라인 쇼핑몰 사업에 직간접적으로 도움이 될 만한 지식을 의미한다. 몇 가지 질문을 해보겠다.

· 온라인 쇼핑몰 창업 경험이 있는가?
· 쇼핑 플랫폼의 종류는 얼마나 알고 있는가?
· 온라인 쇼핑몰의 유통 경로를 알고 있는가?
· 온라인에 자신의 가게를 오픈하기 위해선 무엇이 필요한가?
· 어떤 아이템을 팔 것인가?
· 온라인 마케팅은 어떻게 할 것인가?
· 적절한 마케팅 채널은 갖고 있는가?

몇 가지나 자신 있게 답변할 수 있는가? 이 밖에도 알아야 할 것이 산더미다. 한국인은 시험 점수나 자격증을 취득하는 공부는 매우 좋아하는데 사업을 준비할 때는 공부를 잘 하지 않는 경향이 있다. 모르는 것이 많으면 잃는 것도 많아진다. 내가 모르면 모든 게 다 비용이 된다. 그러니 나이를 불문하고 공부는 반드시 해야 한다. 우리가 공부하는 영역은 예술적인 부분이 아니라 실용적인 분야에 해당한다. 즉 공부를 위한 공부가 아니라 문제 해결을 위해 공부를 하는 것이다.

4. 기회자본 관리

기회자본은 크게 내적 자원과 외적 자원으로 나뉜다. 내적 자원은 자신의 경험, 지식, 강점이 될 수 있으며 외적 자원은 사용할 수 있는 공간, 사업과 관련된 인맥, 도움을 줄 수 있는 사람 등이 될 수 있다. 이런 기회자본이 잘 마련되어 있으면 시작부터 경쟁자들보다 앞서갈 수 있다. 하고자 하는 목표가 정해졌다면 모든 가능성을 열어놓고 기회로 활용할 수 있는 부분을 발견하고 정리해야 한다. 그렇게 발견한 작은 기회 요소 하나하나가 훗날 많은 시간과 비용을 절약해줄 것이다.

누구나 시작할 수 있는 온라인 쇼핑몰 사업

추진력도 중요하지만 진지하게 사업에 임할 수 있는 상황과 환경, 마음
가짐을 준비하는 것이 먼저라고 생각한다.

사실 사업은 정답이 없다. 가장 효율적으로 쉽고 간편하게 온라
인 쇼핑몰을 준비하는 단 '하나'의 방법은 존재하지 않는다. 그럼에
도 불구하고 여러 노하우를 풀어놓는 이유는 대략적인 큰 흐름을
이해해놓으면 분명 준비에 도움이 되기 때문이다.

아래의 여러 가정 중 자신에게 필요한 정보를 골라 활용해보자.
20대 취업준비생(이하 취준생), 30대 직장인, 퇴직을 앞둔 50대 직장
인, 경력 없는 전업주부라면 어떤 방식으로 온라인 쇼핑몰 창업을
준비해야 할까? 활용 가능한 시간과 여유자금 여부에 따라 방법은
조금씩 다르다.

상황별
창업 노하우

1. 20대 취준생

자신이 20대 취준생이라고 가정해보자. 활용 가능한 시간은 주 100시간이고, 여유자금은 없으며, 관련 경력도 없다. 취준생이니 당연히 수입도 없을 것이다. 만약 이런 상태라면 겁낼 게 없다. 나이도 젊고 시간도 충분하니 온라인 사업을 하는 회사에 계약직으로 취직해 6개월에서 1년 정도 일하는 것을 추천한다. 그렇게 돈을 모아 관련 강의를 듣고, 컨설팅도 받으면서 견문을 넓히면 된다. 상상해보라! 20대 때부터 5년간 5개 이상의 회사를 경험하고, 최선을 다해 공부한다면 실패 가능성이 얼마나 낮아지겠는가? 이 책을 읽는 독자가 20대라면 겁내지 말고 도전하길 바란다. 큰돈을 끌어다 쓰는 무리수만 두지 않는다면 안전하게 사업을 시작할 수 있다.

참고로 계약직으로 일하는 게 답답한 데다 좀 더 빠르게 사업을 시작하고 싶다면 안전과 건강이 확보되는 선 안에서 가장 시급이 높은 아르바이트를 하는 것도 한 방법이다. 최대한 빨리 돈을 벌어 관련 교육을 듣고 직원을 채용해서 시작하는 것도 나쁘지 않다.

2. 30대 직장인

자신이 월 300만 원을 받는 30대 직장인이라고 가정해보자. 활용 가능한 시간은 주 40시간이고, 대출은 없는 상황이다. 만약 내가 이런 상황이라면 나는 당장 사업을 시작하기보다 재테크 쪽으로 눈을 돌릴 것이다. 지금도 조금씩 느끼는 것이지만 사업은 투자 대비 위험 부담이 큰 분야다. 그런 면에서 직장인 또한 이미 사업을 하고 있는 것과 같다. 직장인은 시간이라는 상품을 회사에 파는 것이고, 판매된 돈으로 또 다른 부가가치를 창출하기 때문이다. 당장 일자리가 흔들리는 상황이 아니라면 조금 여유를 갖고 초기 자본 형성에 힘쓰는 게 낫다.

그럼에도 당장 온라인 셀러가 되고 싶다면 우선 '미니멀 라이프'로 삶의 방향을 틀어야 한다. 예를 들어 쓰리룸 전셋집에 산다면 저렴한 투룸 전셋집으로 이사를 간다거나, 자가 보유자라면 전세 혹은 월세로 돌려 최대한의 여유자금을 만들어야 한다. 그렇게 생겨난 여유자금을 인터넷 쇼핑몰 관련 강의나 컨설팅에 투자하면 앞으로 어떻게 해야 할지 조금씩 감이 오기 시작할 것이다. 당장 허리띠를 졸라맬 여유가 없다면 조금 천천히 돌아가더라도 재테크를 통해 종잣돈을 만들어야 한다.

재테크 혹은 미니멀리스트가 되어 여윳돈이 어느 정도 모였다면, 이후 본업은 유지한 채 계약직 직원 2명을 고용해 창업한다. 각종 국가지원금을 받으면 인건비는 한 달에 약 100만 원 정도로 해결될 것이다. 직원 2명의 출퇴근 시간을 각각 9시~18시, 13시~22시로 세팅해 퇴근 후에는 야간 근무자로부터 업무 보고를 받는다. 이렇게 사업이 자리 잡을 때까지 N잡을 유지하며 그간 배우고 축적한 것을 실행하면 된다.

3. 퇴직을 앞둔 50대 직장인

자신이 은퇴를 앞둔 50대 직장인이라고 가정해보자. 노후 준비는 되어 있지 않지만 자녀들은 모두 취업한 상태다. 결론부터 이야기하자면 이때는 온라인 셀러보다는 다른 길을 찾는 것이 합리적이다. 일단 나이가 많고 은퇴가 코앞이어서 조급함이 생기기 쉽다. 시간에 쫓기면 합리적인 선택을 하기 어려워지기 때문에 쉽게 초조해질 수 있고, 잔실수가 늘 수 있다. 꼭 온라인 쇼핑몰 사업을 하고 싶다면 정말 좋은 사람을 만나야 한다. 좋은 사람을 만나 그 사람의 시간을 구매하는 방식으로 최대한 많은 것을 얻어야 한다.

물론 나이가 많다고 해서 약점만 있는 것은 아니다. 트렌드 변화와 온라인 환경에 취약하다는 단점은 있지만 어린 친구들에 비해 당장 큰돈 드는 일이 없다는 장점은 있다. 상황에 따라 다르지만 젊은 나이에는 결혼과 육아, 내 집 마련 등 목돈 드는 일이 참 많다. 그래서 새로운 일에 도전하는 것 자체가 굉장히 부담스럽다. 그러나 이미 자녀를 다 키운 상태라면 취미 삼아 가볍게 온라인 쇼핑몰 창업에 도전하는 것도 나쁘지 않다. 처음부터 무턱대고 큰돈을 벌겠다는 생각이 아니라면 온라인 셀러가 새로운 기회의 문이 될 수 있다.

4. 경력 없는 전업주부

자신이 경력 없는 전업주부라고 가정해보자. 활용 가능한 시간은 주 40시간이고, 여유자금과 수입은 없는 상태다. 그렇다면 일단 창업보다는 가벼운 일자리라도 취직하는 것을 추천한다. 파트타임 일자리라도 안정적으로 유지한 다음 사업으로 눈을 돌리는 것이 낫다. 물론 육아와 집안일, 사업을 병행하는 '슈퍼맘'도 여럿 보았다. 이런 경우는 대개 '아이를 보는 시간을 제외한 나머지 시간에 짬짬이 일할 수 있지 않을까?' 하는 생각에 사업에 발을 들인다. 하지만 육아와 집안일, 사업을 병행하는 건 정말 초인적인 인내심과 체력을 필요로 한다.

아이를 돌보고 집안일을 하다 남은 잉여시간을 건설적으로 사용하는 건 참으로 박수 쳐줄 일이다. 하지만 사업을 하기에는 턱없이 부족한 시간이다. 오히려 블로그 부업 등 가볍게 할 수 있는 N잡을 찾는 편이 나을 수 있다. 전업주부들의 가능성을 함부로 예단하는 것은 아니지만, 온라인 창업을 너무 가볍게 생각해서 벌어지는 여러 부작용을 고려하면 반드시 심사숙고해야 한다. 추진력도 중요하지만 진지하게 사업에 임할 수 있는 상황과 환경, 마음가짐을 준비하는 것이 먼저라고 생각한다.

모두에게 적용되는
창업 준비 노하우

세대를 불문하고 모두에게 적용되는 창업 준비 노하우는 다음과 같다.

1. 관련 유튜브 시청하기

과거 우리는 영어를 잘하기 위해 카세트 테이프나 인터넷강의를 들었다. 'to부정사' 하나를 배우기 위해 2~3시간짜리 강의를 들어야 했다. 그러나 요즘은 시대가 많이 달라졌다. 이제는 유튜브를 통해 필요한 것을 배우고 정보를 공유하는 시대가 되었다. 2~3시간씩 긴 영상도 있지만 대부분 짧게 핵심만 압축해 양질의 정보를 제공한다. 온라인 셀러와 관련된 콘텐츠도 쉽게 찾아볼 수 있다.

유튜브를 볼 때 주의해야 할 점은 한 유튜버의 영상을 처음부터 끝까지 모두 봐야 한다는 것이다. 유튜버마다 호흡과 스타일, 노하우가 다르기 때문에 이 유튜버, 저 유튜버 오가며 보는 것은 권하지 않는다. 시간이 없다면 배속 기능을 통해 좀 더 빠르게 영상을 시청할 수 있다.

참고로 온라인 쇼핑몰 시장은 계속 변화하고 있다. 과거에 통했던 전략이 현재는 무용지물인 경우도 부지기수다. 시기별로 무엇이 유행이었고 왜 지금은 통하지 않는지 그 맥락을 이해하며 영상을 보기 바란다.

2. 최소 10권 이상 독서하기

새로운 영역에 도전하려고 하면서 관련된 책을 10권조차 읽지 않는 것은 너무 안일하다고 생각한다. 온라인 사업을 너무 쉽게 생각하고 있는 것이 아닐까? 사업은 정답이 없는 분야다. 그래서 더더욱 배우려는 자세가 중요하다.

3. 마케팅 강사가 아닌 현직 셀러의 강의 듣기

시중에 팔리고 있는 책의 저자와 강연의 강사를 보면 마케팅 전문가인 경우가 많다. 온라인 셀러가 되고 싶은데 마케팅 강사를 찾아가다니 참 이상한 일이다. 우리는 마케팅 전문가가 되려는 게 아니라 사업가가 되려고 한다. 마케팅도 물론 중요하지만 온라인 쇼핑몰 사업과 직접적으로 연결되어 있는 분야는 아니다. 따라서 온라인 쇼핑몰 사업을 하고 싶다면 현직 셀러의 말을 들어야 한다.

4. 오프라인 강의 참석하기

유튜브도 좋고, 책도 좋지만 오프라인 강의도 빼놓지 말아야 한다. 물론 오프라인 강의라고 해서 다 도움이 되는 것은 아니다. 그러니 내가 들으려는 강의가 다음의 세 가지 조건 중 몇 가지를 충족하는지 사전에 점검해보자.

1. 자신의 회사를 당당하게 공개하는가?
2. 수익구조까지 공개하는가?
3. 강의 녹음 혹은 촬영을 허가하는가?

적어도 세 가지 조건 중 하나 이상은 충족해야 한다. 첫 번째 조건은 회사 공개 여부다. 오프라인 강의에 참석하면 자신의 성취를 부풀리고 싶은 마음에 허황된 이야기를 하는 강사를 흔히 보게 된다. 매출을 부풀리거나 거짓말을 하는 강사는 회사를 오픈하지 못한다. 두 번째 조건은 자신의 수익구조를 눈앞에서 공개할 수 있는지 여부다. 매출은 돈만 있으면 만들 수 있다. 그래서 그 안에 숨겨진 속사정까지 오픈하기 꺼리는 경우가 많다. 세 번째 조건은 강의의 녹음 혹은 촬영 허용 여부다. 녹음 혹은 촬영을 못 하게 한다는 것은 강의 내용이 부실하거나 고객을 속이기 때문이다. 물론 저작권이나 기타 특별한 사유로 불허하는 경우도 있지만 이런 예외적인 경우는 많지 않다.

강조하건데 이것들은 사실상 창업 준비에 기본이 되는 노하우다. 기초공사가 튼실해야 완공까지가 순조롭듯 상기 노하우를 적극적으로 실천해 실수를 최대한 줄여나가길 바란다.

온라인 사업에서 온라인을 빼라

사업이란 '어떤 일을 일정한 목적과 계획을 가지고 짜임새 있게 지속적으로 경영하는 것 또는 그 일'이라는 뜻이다.

최근에 온라인 사업을 시작하려는 사람이 점점 늘고 있다. 나 역시 온라인 쇼핑몰을 주제로 유튜브 채널과 커뮤니티를 운영하고 있다 보니 종종 예비 창업자 분들과 미팅을 하게 된다. 창업을 준비하는 초보 셀러로부터 받는 질문을 요약하면 다음과 같다.

1. 사업이란 무엇인가?
2. 온라인 사업이란 무엇인가?
3. 오프라인 사업과의 차이점은 무엇인가?

이런 질문이 들어오면 나는 '온라인'이라는 단어가 주는 환상에서 벗어나야 한다고 조언한다. '사업'에 '온라인'이라는 단어가 붙는다고 해서 달라지는 것은 없다. 온라인 사업이라는 것이 무엇인가? 스마트스토어, 쿠팡 등에 상품 상세페이지를 만들어 올리고 상품을 판매하면 그게 바로 온라인 사업이다. 그런데 요즘엔 치킨집도 배달 애플리케이션을 통해 판매를 하고 비대면으로 결제가 이뤄진다. 결제를 인터넷으로 하면 온라인 사업이 아닌가? 그럼 치킨집도 온라인 사업이라고 할 수 있지 않을까? 우리가 알고 있는 온라인 사업과 치킨집의 차이는 무엇인가? 배송을 택배사에서 담당해야만 온라인 사업이고, 오토바이로 상품을 배달하면 오프라인 사업인가?

온라인 사업이든, 오프라인 사업이든 사업의 운영 방식은 똑같다. 온라인 사업이라고 해서 특별하지 않다. 요즘 사업을 하면서 온라인을 활용하지 않는 사업이 몇이나 될까? 인터넷 환경이 개선되고 스마트폰이 보급되면서 온라인 사업과 오프라인 사업을 딱 양분해서 구분할 수 없는 시대가 되었다. 그러니 괜히 '온라인'이라는 단어에 현혹되어 온라인 사업이 뭔가 더 유망하거나 특별한 것 같다고 생각하는 자세부터 고쳐야 한다.

나는 과거에 고깃집을 운영했었다. 그러나 온라인 셀러의 일과 고깃집 사장의 일이 크게 다르다고 생각하지 않는다. 그저 고객이 매장에 와서 직접 구입하느냐, 혹은 상품을 택배로 보내주느냐 정도의 차이만 있을 뿐이다. 그러니 부디 환상에서 빠져나오기 바란다. 온라인이든, 오프라인이든 사업의 본질은 크게 다르지 않다.

온라인 사업도
똑같은 사업이다

사업(事業)의 사전적인 의미를 물었을 때 정확한 뜻을 아는 사람을 거의 본 적이 없다. 사업이란 '어떤 일을 일정한 목적과 계획을 가지고 짜임새 있게 지속적으로 경영하는 것 또는 그 일'이라는 뜻이다. 어떤 일을 목적과 계획을 갖고 진행하다 보면 여러 가지 문제가 발생하는데, 이것을 지속적으로 해결하면서 새로운 계획을 세우는 것이 바로 사업이다.

사람들은 사업을 너무 쉽게 생각하는 것 같다. 직장에서 나의 시간과 노동력을 제공해 타인에게 돈을 받았다면, 사업을 한다는 건 남의 시간을 활용해 부가가치를 창출하는 것이다. 만약 '온라인 사업'이 아니라 '스타트업' 또는 '벤처회사'를 시작한다고 하면 갑자기 굉장히 부담스럽지 않은가? 맞다. 부담스러워야 한다. 온라인 쇼핑몰 사업을 마치 인형에 눈알 붙이는 부업처럼 간단하게 생각해서는 안 된다. 자본주의 시장에서 날고 긴다 하는 사업가들 사이에서 자신의 지식, 자본, 시간을 쏟아 경쟁해야 하기 때문이다. 도태되면 모든 것을 잃을 수 있다.

나는 부동산으로 1년 만에 200%의 수익을 올렸다. 그리고 그 수익으로 사업을 더 키웠다. 내가 재테크로 주식 투자가 아닌 부동산 투자를 선택한 이유는 주식은 전 세계의 전문가, 천재들과 경쟁해야 되기 때문이다. 그나마 부동산 투자는 한정된 범위에서 경쟁할 수 있으니 비교적 쉽게 느껴졌다. 전 세계에서 1등을 하긴 어렵지만 한정된 어떤 지역의 어떤 아파트에서 수익을 내는 건 비교적 수월해 보였기 때문이다. 오프라인 사업도 마찬가지다. 한정된 범위에 있는 사업자들과 경쟁을 하면 되니 비교적 쉽다. 하지만 온라인 사업은 다르다. 전국에서 활동하는 사업자들과 경쟁해야 한다. 여러분은 이제 막 축구를 시작한 유소년인데 바로 프리미어리그 선수들과 경기를 뛰는 격이다.

나도 처음부터 순탄하지만은 않았다. 쿠팡에서 매달 소소하게 50만 원의 순수익을 벌어주는 A라는 상품이 있었다. 그런데 어느 순간 보니 순수익이 5만 원 이하로 곤두박질치고 있었다. 상황을 파악해보니 문제는 쿠팡이었다. 쿠팡이 내 상품보다 더 퀄리티가 좋은 PB상품(대형 업체가 독자적으로 개발한 브랜드 상품)을 저렴한 가격으로 런칭한 것이다. 이 상황에서 내가 할 수 있는 일은 무엇일까? 사실 할 수 있는 것이 별로 없다. 그저 그 상황을 받아들여야만 한다. 우리 회사가 무슨 수로 쿠팡이라는 거대 기업을 이길 수 있겠는가? 차라리 쿠팡이 손대지 않은 다른 상품을 런칭하는 데 시간과 돈을 사용하는 게 바람직하다.

소규모 사업체를 운영하는 우리가 대기업보다 유리한 것은 정말 거의 없다. 우리보다 규모가 크고 공격적인 마케팅이 가능한 중소기업도 수두룩하다. 그 가운데서 경쟁을 하고 살아남아야 하기 때문에 준비를 철저히 해야만 한다.

쉽게 돈을 버는
방법은 없다

최근 온라인 셀러와 관련된 콘텐츠가 각종 SNS, 유튜브에 범람하면서 사람들이 온라인 쇼핑몰 사업을 너무 쉽게 생각하는 데 일조하고 있는 것 같다. 조회수를 뽑기 위해 콘텐츠를 너무 자극적으로 만든 인플루언서, 유튜버의 책임이 크다고 생각한다. 이럴수록 냉정하게 생각해보자. 여타 인플루언서, 유튜버의 말처럼 온라인 쇼핑몰 사업으로 누구나 쉽게 돈에 구애받지 않는 디지털 노마드가 될 수 있다고 믿는가?

온라인 사업을 너무 쉽게 보고 귀한 돈만 잃는 피해자가 없기를 진심으로 바란다. 물론 사업을 준비하는 과정에서 너무 몸을 사리고 엄살을 부리며 무엇 하나 시도하지 않는 것도 문제지만, 너무 쉽게 이 일을 시작하느니 차라리 준비하다 포기하는 것이 나을지 모른다. 무턱대고 큰돈을 들여 한 방에 사업을 일으킬 생각을 하지 말고, 작은 투자로 사업을 시작할 수 있는 모델을 계획해서 지속적으로 테스트하려는 자세가 필요하다.

위탁판매만으로는 돈을 벌 수 없다

위탁판매는 한계가 뚜렷하다. 똑같은 상품을 배분받은 심부름꾼의 입장이기에 월급 이상의 수익을 올리기란 쉽지 않다.

위탁판매란 무엇일까? 나는 무엇인가가 궁금할 때면 단어의 사전적 의미, 한자의 뜻과 유례를 찾아보곤 한다. 위탁(委託)이란 단어는 '법률 행위나 사실 행위의 수행을 다른 사람에게 의뢰하는 일'이라는 뜻이다. 쉽게 말해 어떠한 행위를 다른 사람에게 의뢰하는 일, 즉 심부름인 셈이다. 그러면 오프라인 사업에서의 위탁은 어떤 사례가 있을까? 치킨집에서는 배달을 배달업체에 위탁한다. 치킨집에서 배달을 대행하는 가장 큰 이유는 배달 매출이 불규칙적일 때가 많고, 직원이 근무 중에 다치거나 사망 시 사업주가 그에 대한 책임을 져야 하기 때문이다. 그래서 위탁을 통해 직원이 근무 중에 생기는 상해에 대한 리스크를 배달업체와 나눈다.

그럼 위탁판매라는 것은 무엇 때문에 생긴 걸까? 사업주 입장에서는 자신이 직접 판매하는 것보다 다른 누군가에게 심부름값을 주고 위탁해 판매하는 편이 더 이익이 되기 때문이다. 위탁판매용 상품을 일정 가격에 넘기기만 하면 심부름을 하는 사람들끼리 서로 경쟁해 판매할 것이고, 바이럴 마케팅부터 모객까지 알아서 잘 돌아가게 된다.

위탁판매의
세 가지 장점

위탁을 허락해준 사업주는 마진이 조금 적어지겠지만 대량으로 생산한 물건을 안전하게 판매할 수 있고, 심부름꾼은 위탁판매를 통해 소소한 이득을 보게 된다. 그런데 사실 심부름꾼이 얻는 이윤은 그리 크지 않다. 그럼에도 최근 위탁판매 부흥이 일어나고 있는 이유는 위탁판매가 갖고 있는 세 가지 장점 때문이다.

1. 자본금이 많이 들지 않는다.

요즘과 같은 저성장 시대에 큰돈을 투입해 사업을 시작한다는 것은 큰 두려움이 따르는 일이다. 최근 요식업 프랜차이즈 박람회에 간 적이 있는데 한 곳도 빠짐없이 '저비용 고수익'을 강조하고 있었다. 그만큼 '초기 비용'에 대한 부담이 크다는 뜻이다. 위탁판매가 매력적인 이유는 초기 비용이 적다는 데 있다. 물론 고수익이 힘들고 마진율은 적을 수밖에 없다. 위탁을 맡긴 업체도 마진을 얻고, 위탁판매자도 마진을 얻어야 하기 때문이다.

2. 시간이 자유롭고 재택근무가 가능하다.

요즘처럼 언택트가 문화로 자리 잡은 시기에 시간을 자유롭게 쓸 수 있고 재택근무가 가능하다는 것은 큰 장점이다. 하지만 소비자는 바보가 아니다. 시간에 구애받지 않는다고 해서 운영을 소홀히 한다면 결코 성공할 수 없다.

3. 거절당할 걱정 없는 영업판매다.

영업직이 스트레스를 받는 이유는 물건을 파는 과정에서 고객에게 거절당하는 경험을 반복하기 때문이다. 자존감이 아무리 높아도 영업판매를 시작하면 이 부분에서 가장 애를 먹는다. 그러나 온라인 쇼핑몰 사업은 거절당했다는 느낌을 받기 어렵다. 왜냐하면 고객이 나를 모르고, 나도 고객을 직접 볼 수 없기 때문이다. 그래서 다른 영업판매업보다는 마음이 편한 게 사실이다. 제품을 소싱하는 과정에서 제조사나 총판으로부터 거절당할 걱정도 덜하다.

누구한테 아쉬운 소리 한 번 안 하고 사업을 할 수 있다는 건 큰 장점이다. 평범한 직장인은 영업직이 아닌 이상 불특정 다수의 누군가에게 아쉬운 소리를 하는 경우가 거의 없다. 그냥 자신에게 주어진 일을 해내기만 하면 된다. 그런 직장인이 갑자기 을이 되어 불특정 다수의 갑에게 아쉬운 소리를 하는 건 쉬운 일이 아니다.

위탁판매의
한계

장점만 놓고 보면 위탁판매는 정말 매력적이다. 특히 이제 막 온라인 셀러의 길에 들어섰다면 위탁판매를 통해 감을 잡고 일을 배울 수 있다. 상품을 등록하고, 광고를 집행하고, CS를 경험하고, 세금 처리와 노무도 경험할 수 있다. 이런 부분을 훈련하는 차원에서 사업 초기에는 위탁판매에 집중하는 게 좋다.

아무런 경험과 노하우 없이 처음부터 큰돈을 들여 물건을 사입하면 실패할 가능성이 커진다. 위탁판매를 통해 고객들이 어떤 상황에서 더 자주 구매를 결심하는지 확인해볼 수 있다. 예를 들어 '이 상품은 이러한 구성으로 묶고, 이 정도 가격에 팔고, 어디에 어떤 전략을 쓰면 잘 팔리지 않을까?' 하는 생각을 위탁판매를 통해 실현해보는 것이다. 고객의 반응이 나쁘다면 다시 전략을 수정하면 된다.

하지만 위탁판매는 한계가 뚜렷하다. 똑같은 상품을 배분받은 심부름꾼의 입장이기에 월급 이상의 수익을 올리기란 쉽지 않다. SNS, 유튜브에서 위탁판매로 높은 수익률을 기록했다는 콘텐츠를 쉽게 볼 수 있지만 직접 해보면 알 것이다. 정말 아주 특별한 경우라는 것을. 위탁판매로 감을 잡을 수는 있지만 결국에는 자신의 브랜드를 만들어야 살아남을 수 있다. 위탁판매는 다른 사람이 만든 브랜드 제품을 대신 판매해주는 '심부름'에 지나지 않기 때문이다.

초보 셀러가
겪게 되는 위기

유입의 함정

초보 셀러는 어뷰징, 즉 부정행위에 빠질 수 있다. 어뷰징이란 의도적으로 유입을 늘리기 위한 작업을 의미하는 말로 커뮤니티에서 일반 소비자인 척 자신의 상품을 홍보하거나, 키워드 검색 시 상위노출을 노리기 위해 의도적으로 트래픽을 늘리는 활동 등을 뜻한다. 사실 부정행위라고 하면 될 텐데 왜 굳이 어뷰징이라는 단어를 쓰는지는 모르겠다. 사람들이 '상품의 가치'라는 본질을 놓치고 이러한 어뷰징에 빠지는 이유는 '유입만 늘어나면 대박이 날 것이다.'라는 환상을 갖기 때문이다. 유혹에 흔들리지 않으려면 나만의 기준이 뚜렷해야 한다.

부정행위는 여러 가지 문제를 일으킨다. 우선 자신의 상세페이지로 유입된 고객들의 구매전환율은 확인하기 어렵다. 그리고 이런 부정행위에 중독되면 어뷰징 없이는 사업을 하기가 어려워진다. 즉 부정행위가 기본 세팅이 된 상태에서는 사업을 정당하게 꾸려나갈 수가 없다. 온라인 셀러를 꿈꾼다면 부디 부정행위에 빠지지 않기 바란다. 어뷰징으로 높은 효율을 만들어내는 건 어려운 일이며, 시도한다고 해도 큰돈이 들어간다.

상위노출의 함정

상위노출의 함정도 조심해야 한다. 많은 초보 셀러들이 상위노출이 되면 무조건 좋다고만 생각한다. 준비되지 않은 상태에서 어쩌다 운 좋게 상위노출이 되었다고 가정해보자. 무슨 일이 벌어질까? 식당으로 예를 들어보겠다. 식당을 운영한 지 한 달 정도 된 상태에서 갑자기 운 좋게 유명 TV 프로그램의 촬영지로 선정되었다고 가정해보자. 그렇게 TV에 가게가 노출되자 다음 날부터 손님들이 30m 넘게 줄을 서기 시작한다. 이게 꿈인가 생시인가? 그런데 이 많은 인원을 한 번에 받아본 경험이 없던 초보 사장은 횡설수설하며 실수를 연발한다. 부랴부랴 손님들을 받지만 음식은 제때 나오지 않고, 맛도 퀄리티도 떨어진다. 손님들은 화가 났고 기존의 단골도 떠나간다. 고개를 조아리며 다음에는 꼭 제대로 된 음식을 대접하겠다고 사과하지만 떠나간 고객은 돌아오지 않는다.

이와 같은 일이 온라인 사업에서도 똑같이 벌어질 수 있다. 상위노출이 되어 갑자기 물건이 많이 팔리면 어떻게 될까? 필연적으로 물건을 더 많이 팔기 위해 기존의 사업장과 시스템을 확장해야 한다. 그러나 상위노출은 내가 결정하는 것이 아니다. 플랫폼의 알고리즘에 의해 언제든지 새로운 업체의 제품이 그 자리를 대신할 수 있다. 상위노출이 되었을 때를 기준으로 직원을 더 뽑거나 창고를 확장하는 등 새롭게 사업을 세팅하자니 미래의 매출을 담보할 수 없는 상황이다. 그렇다고 그냥 그대로 유지하자니 배송이 늦어져 주문 취소가 늘어나고, 상위노출의 이점을 제대로 누리지 못하게 된다. 따라서 일시적으로 유입량이 늘거나 줄었다고 해서 일희일비해서는 안 된다.

상위노출 여부는 내가 관여할 수 없기 때문에 계속해서 알고리즘에 휘둘릴 수밖에 없다. 상위노출이 되지 않았다고 해서 매출이 급락하는 사업이 과연 건강한 비즈니스일까? 당신이 바라는 사업은 이렇게 불안정한 사업인가? 일시적으로 주문이 늘었다고 해서 사업장과 시스템, 사업의 규모를 급하게 키우면 탈이 날 수 있다는 것을 기억해두자.

일중독의 함정

나는 초보 셀러들에게 이런 조언을 자주 한다. "돈 버느라 돈 못 벌 수 있다." 다른 일을 열심히 하느라 눈앞에 있는 기회를 놓치지 말라는 뜻이다. 예를 들어 일에만 매달리느라 다양한 정부지원금과 대출 혜택을 놓친다면 어려움과 고난을 자처하는 것과 같다. 또 간단한 배너, 광고 상세페이지 제작 등은 굳이 시간과 돈을 들여 배우지 않더라도 간단하게 검색만 해도 쉽게 만들 수 있다. 물론 높은 퀄리티를 위해선 직접 배우거나 사람을 고용해야겠지만 사업 초기부터 모든 것을 완벽하게 세팅할 필요는 없다. 대표인 당신이 하루종일 포토샵을 배우느라 시간을 낭비하는 것보다 차라리 프리랜서 디자이너를 고용하는 편이 나을 수 있다. 일중독의 함정에 빠져 방향을 잃고 그저 열심히만 하는 건 미련한 짓이다.

3장

서행차선에서
추월차선으로

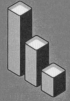

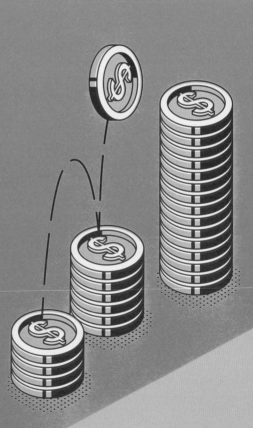

서행차선부터
벗어나라

서행차선에서는 아무리 발을 동동거리고 바삐 움직여도 결과가 크게 달라지지 않는다.

추석에 차 2대로 시골에 가게 되었다. 한 대는 내가 운전하고, 한 대는 아버지께서 운전을 하셨다. 그런데 자주 이용하던 길이 귀성 차량으로 꽉 막혀 있던 참이어서, 나는 한 번도 가보지 않은 한산한 길을 선택했다. 새로 선택한 길은 길이 뻥뻥 뚫려 있었지만 신호가 많았고 제한속도도 낮았다. 나는 그래도 차가 막히지 않으니 더 빨리 도착할 것이라고 생각했다. 그런데 목적지에 도착해보니 아버지께서 30분 일찍 도착해 계신 것이 아닌가. 어떻게 이렇게 빨리 오셨는지 묻자 아버지께서는 대수롭지 않은 표정으로 대답했다.

"속도가 느리다고 도착 시간까지 늦는 건 아니란다. 네가 온 길은 정체되지 않았지만 빙 돌아오는 길 아니었니? 내가 온 길은 도착지까지 거의 일직선이었기 때문에 조금 막혀도 더 빠르게 올 수 있었단다."

빠르다고 빠르게
도착하는 것은 아니다

나는 부업으로 서산에 위치한 펜션을 위탁 운영하고 있다. 처음 운영을 맡았을 때는 정비가 덜된 상태여서 수시로 서산까지 왔다갔다 해야 했는데, 내가 사는 천안에서 서산의 펜션까지는 1시간 정도가 소요되었다. 당시 N잡으로 굉장히 바쁠 때라 어떻게든 오가는 시간을 줄이고 싶었던 나는 최대한 속도를 내 평소에 시속 70km로 다니던 길을 100km로 가봤다. 속도가 빨라졌으니 소요 시간도 그만큼 줄어들 것이라고 생각했다. 그런데 그래봤자 고작 10분 정도 빨리 도착한 게 아닌가. 환경(도로, 신호 등)을 바꾸지 않는 이상 내가 빨리 움직인다고 해서 결과가 크게 달라지진 않았다. 어차피 걸리는 신호에선 걸렸고, 단속 구간에선 속도를 줄여야 했기 때문이다. 즉 서행차선에서는 아무리 발을 동동거리고 바삐 움직여도 결과가 크게 달라지지 않는다.

평범한 초보 셀러는 사실 서행차선은커녕 그냥 차선 자체에도 잘 오르지 못한다. 보통은 초반에 공부를 좀 하다가 상품 소싱도 제대로 해보지 못하고 80% 이상이 포기한다. 이런 경우를 제외하고, 서행차선에 들어선 초보 셀러들의 유형을 몇 가지 살펴보겠다. 그들은 왜 서행차선을 벗어나지 못하고 제자리걸음을 하고 있을까?

1. 노력 중독 유형

10년 동안 코칭을 하면서 깨달은 것이 있다. 열심히 한다고 문제가 해결되지 않는다는 것이다. 사실 대부분의 문제는 열심히 해서 일어난다. 속도보다 더 중요한 건 방향이다. 나는 잘못된 방향으로 열심히 노력만 하는 유형을 '노력 중독'이라고 이야기한다. 초월적인 노력을 들여 열심히 해야지만 유지할 수 있는 일은 지속성을 갖기 어렵다. 꽉 쥔 손은 언젠가 놓아야 하고, 빨리 달리면 결국엔 쉬기 위해 멈춰야 한다. 사업은 도달하고자 하는 먼 목적지까지 꾸준히 달리는 롱런 게임이다. 지속성을 갖고 사업을 꾸준히 유지하고 키우기 위해서는 속도보다 방향이 더 중요하다.

예를 들어 자전거를 타고 목적지를 향해 달려가고 있다고 가정해보자. 처음엔 아주 재미있게 자전거를 탔는데 갑자기 속도가 느려지고 페달이 무거워진다. '아! 내가 체력이 떨어졌구나.' 하는 생각에 '그럼 더 열심히 해야지!' 하며 의지를 다진다. 함께 달리던 다른 사람들이 지친 기색도 없이 수월하게 달리자 마음이 더 조급해진다. 그래서 더 열심히 해야겠다고 의지를 다진다. 그렇게 한참을 무리하다 결국엔 통증을 느껴 잠시 주저앉게 된다. 그런데 이게 무슨 일인가? 자전거 바퀴에 바람이 하나도 없는 게 아닌가? 내가 부상을 입고 자전거 타기를 지속할 수 없었던 이유는 열심히 노력하지 않았기 때문이 아니었다. 너무 열심히 노력하느라 환경을 둘러보지 않았기 때문이다.

대부분의 초보 셀러들은 사업을 제대로 지속할 수 없는 열악한 환경 속에서도 그 지속성을 유지하기 위해 애쓴다. 그래서 많은 에너지가 들고, 그러다 점점 하기 싫어지고, 중간에 실패하거나 멈춘 자신을 자책하거나 이건 어차피 안 되는 일이었다며 하소연한다. 명심하자. 지속성은 의지로 만드는 것이 아니라 환경으로 만드는 것이다. 의지를 갖고 열심히 하지 않아도 사업을 지속할 수 있는 환경을 만들어야 한다. 환경이 뒷받침되지 않는데 애꿎은 내 의지와 실행력만 탓해서 무엇하겠는가? 사이클 선수도 바람 빠진 자전거로는 빠르게 달릴 수 없다.

2. 수험생 유형

온라인 셀러 지망생들을 만나면 하나같이 유명 유튜버의 이름을 이야기한다. 우연히 접한 어떤 유튜버의 콘텐츠를 통해 온라인 셀러를 꿈꾸게 되었고, 유튜브로 공부해서 사업자금 몇천만 원을 끌어 쓰게 되었다는 것이다. 수험생처럼 책상 앞에 앉아 영상만 수십 시간씩 파고드는 경우도 적지 않다.

나도 유튜버이긴 하지만 유튜브 영상 하나에 자신의 사업을 맡겨서는 안 된다고 생각한다. 사업을 하면서 생기는 방대한 양의 문제와 노하우를 영상에 다 담는 게 가능한 일일까? 당연히 불가능하다. 세상 일이 영상 몇 개를 본다고 다 되면 대학은 왜 있겠는가? 사람들이 그만큼 온라인 쇼핑몰 사업을 쉽게 생각한다는 방증이기도 하다.

장자의 책에는 수레바퀴를 깎는 장인에 대한 이야기가 나온다. 어느 날 왕이 책을 읽고 있는데 수레바퀴 깎는 일을 하던 노인이 다가와 말을 건넸다.

노인: 그 책에는 무엇이 쓰여 있습니까?
왕: 성인의 말씀이 쓰여 있다.
노인: 그 성인들은 살아 있습니까?
왕: 죽었다.
노인: 그러면 왕이 읽고 있는 책은 성인들이 남긴 찌꺼기입니다.

노인의 말에 기분이 상한 왕은 제대로 설명해보라고 요구하며, 납득할 만한 대답을 내놓지 못하면 노인을 죽이겠다고 협박한다. 노인은 이렇게 답했다.

노인: 저는 수레바퀴 깎는 일만 평생 해왔습니다. 이 일은 조금만 느슨하게 해도 안 되고 더 빡빡하게 해도 안 됩니다. 수레바퀴를 적당하게 깎을 힘은 손끝 감각으로 터득하고 마음으로 느낄 수 있을 뿐 입으로는 말할 수 없으니 바로 그 사이에 비결이 존재합니다. 더 깎고 덜 깎는 그 어름에 정확한 치수가 있을 것입니다만 제가 제 자식

에게 깨우쳐줄 수 없고, 제 자식 역시 저로부터 전수받을 수가 없습니다. 그래서 70세임에도 불구하고 저는 손수 수레바퀴를 깎고 있는 것입니다. 옛 성인도 그와 마찬가지로 가장 핵심적인 깨달음은 책으로 전하지 못하고 세상을 떠났을 것입니다. 그러니 대왕께서 읽고 계신 것은 옛사람의 찌꺼기일 뿐이라고 말씀드린 것입니다.

그렇다. 진짜 노하우는 영상이나 글로 완벽히 표현할 수 없다. 특히 10분 남짓한 유튜브 영상은 더욱 한계가 명확하다. 일단 영상이 길어지면 사람들이 영상 자체를 잘 보지 않기 때문에 디테일한 지식을 담기가 힘들다. 사업은 글과 영상으로 공부해야 하는 영역이 있고, 직접 부딪치면서 경험해야 하는 영역이 있다. 당연히 실전에서는 후자가 훨씬 더 중요한 영역이다.

3. 장인정신 유형

온라인 셀러 일을 하다 보니 때때로 자신의 물건을 팔아달라고 찾아오는 사람들과 미팅을 하게 된다. 그때마다 정말 훌륭하고 독특한 제품을 많이 보게 되는데, 이들이 얼마나 그 분야에 대해 고민하고 애를 썼는지 개중에는 무려 10년 동안 연구하고 개발한 상품도 있었다. 그러면 처음에는 '이야, 이거 팔면 대박이겠는데?' 하는 생각이 들어 적극적으로 팔아보려고 노력한다. 그런데 나중에 이것저것 따지고 보니 장인정신을 갖고 만든 상품은 잘 팔리지 않는 경우가 많았다. 그 이유는 무엇일까?

아마존의 CEO 제프 베조스는 '고객 집착 전략'의 중요성에 대해 이야기한다. 고객 집착이란 단순히 고객의 말에 귀를 기울이는 것을 넘어 그들의 문제점을 해결해주기 위해 사업가가 대신 발명을 해야 한다는 뜻이다. 온라인 셀러는 개척자인 동시에 발명가인 셈이다. 그런데 간혹 고객을 만족시키기 위해서가 아니라 자아도취에 빠져 자신의 욕구를 채우기 위해 좋은 물건을 만드는 경우가 있다. 온라인 셀러는 늘 고객의 입장을 생각해야 한다. 장인정신을 갖고 좋은 퀄리티에 집착하느라 대중적이지 않은 상품을 만들거나, 가격을 너무 올려서는 안 된다.

　고객이 만족하면 퀄리티가 좀 떨어지는 물건도 좋은 제품이 될 수 있다. 처음에는 무언가 발명하기보단 우선 시중에 있는 물건부터 팔아보는 연습을 해보자. 세상에 없는 물건을 판매한다는 것은 아무도 그 제품이 존재하는지 모른다는 뜻이기도 하다. 아무리 획기적인 제품이어도 사람들이 모르면 안 팔릴 것이고, 홍보에 천문학적인 돈이 들어갈 것이다.

인생의 멘토를 찾아라

창업을 하면 이후에는 무엇을 하든 다 초행길이기 때문에 조언자, 스승, 선생으로부터 조언을 들을 필요가 있다.

서행차선에서 벗어날 수 있는 가장 빠른 방법은 '멘토'를 찾는 것이다. 멘토(mentor)의 사전적 의미는 조언자, 스승, 선생이라는 뜻이다. 물론 조언자, 스승, 선생이 있다고 해서 모든 문제가 마법처럼 뚝딱 해결되지는 않는다. 하지만 '서행차선'에서 벗어나 '추월차선'을 걷는다는 건 똑같은 선택을 답습하지 않고 가보지 않은 초행길을 선택한다는 뜻과 같다. 특히 직장인이 부업으로 사업을 시도하는 건 큰 모험이다. 일단 창업을 하면 이후에는 무엇을 하든 다 초행길이기 때문에 조언자, 스승, 선생으로부터 조언을 들을 필요가 있다.

성공으로 가는
빠른 길, 멘토

위대한 업적을 남긴 스티브 잡스에게도 멘토는 있었다. 1975년, 스티브 잡스는 대학에 입학한 지 6개월 만에 자퇴하고 동양철학에 대한 궁금증을 해결하기 위해 인도로 떠난다. 스티브 잡스에게 선불교의 가르침을 전한 멘토는 『선심초심』을 저술한 스즈키 순류의 제자 오토가와 고분 선사였다. 그는 수행자가 될 것을 고민하던 잡스에게 "수행자가 되는 대신 미래를 바꿀 큰일을 하라."라고 조언한다. 스티브 잡스는 이런 선불교 철학에 영향을 받아 훗날 명료하고 간결한 제품을 출시해 디자인 혁명을 일으켰다.

더 나아가 스티브 잡스의 경영철학에 지대한 영향을 미친 인물은 물리학자 에드윈 랜드였다. 에드윈 랜드는 물리학자인 동시에 즉석필름 카메라를 개발한 발명가이자 카메라 회사 폴라로이드를 창업한 기업가이기도 하다. 스티브 잡스는 에드윈 랜드가 광학을 비롯한 최신 과학기술과 사진이라는 예술을 결합해 직접 회사를 경영했다는 점에 끌렸다고 한다. 스티브 잡스는 에드윈 랜드를 '국보'라고 표현했고, "회사가 예술과 과학이 만나는 지점에 서기를 바랐다."라는 랜드의 말을 늘 마음속에 새겼다. 그렇게 2010년 스티브 잡스는 아이패드와 아이폰4를 발표하는 자리에서 오랫동안 가슴에 품고 있던 "애플은 늘 기술과 인문학의 경계에 서 있습니다."라는 화두를 제시한다.

내 인생을 바꾼
5명의 멘토들

평범한 직장인이었던 나 또한 멘토가 있었기에 수월하게 서행차선에서 추월차선으로 갈 수 있었다. 만약 멘토가 없었다면 시행착오를 반복하며 같은 자리를 돌고 돌았을 것이다. 나의 인생과 사업에 큰 영향을 미친 5명의 멘토를 소개하겠다.

1. 학원 사회선생님

학창 시절, 아버지의 사업이 망하면서 집안에 위기가 찾아왔다. 삼남매 중 장남이었던 나는 그때 '모두가 제정신이 아닐 때 나라도 똑바로 정신을 붙잡아야 한다.'라는 좌우명을 마음속에 새기며 하루하루를 견뎠다. 하지만 단단해질수록 부러지는 순간들이 많았고, 나의 의도와는 다른 일들이 생기기 시작했다. 도대체 왜 이렇게 성장이 더딘지 답답해하며 도서관에 있는 책들을 뒤지던 시기에 나는 첫 번째 멘토를 만난다. 그는 다니던 학원의 사회선생님이었다.

당시에 나는 '이렇게 살아야 한다.' '이런 건 절대로 안 된다.' 등 여러 생각에 복잡하게 얽힌 채 방황하고 있었다. 그런데 이 선생님은 인생을 정말 자기 멋대로 살았다. 학생회장이 되고 싶어서 대책 없이 무작정 도전하고, 친구와 계속 같이 놀고 싶어서 집을 따로 얻고, 심지어 전공은 애니메이션학과였는데 사회를 가르치고 싶어서 사회선생님이 되었다고 했다. 항상 밝았고, 에너지가 넘쳤고, 정이 넘쳤다.

자신의 생각대로 삶을 꾸리는 그를 보면서 나는 나의 인생을 돌아보게 되었다. 그리고 그때부터 선생님의 팬이 되어 마음이 답답할 때면 그를 떠올렸다. 따라 하려는 의도는 없었지만 어느샌가 나는 그 선생님처럼 행동하고 있었다. 한 번도 경상도에 가본 적이 없는 내가 경상도 말투를 따라 하게 되었고, 그의 패션 스타일을 따라 하고 있었다. 그를 만난 덕분에 악에 받쳐 사고하던 생각이 유연해졌고, 사춘기 시절도 무사히 넘길 수 있었다.

2. 김지혜 코치님

안정적인 청소년기를 보내지 못한 영향으로 나는 성인이 되어서도 혼란스러웠다. 내 안에 심리적인 문제를 해결해야겠다는 생각이 들었고, 그래서 경영학과를 졸업한 뒤 심리학과에 편입했다. 그러나 내가 예상한 것과는 달리 심리학과에서 배운 지식들은 큰 도움이 되지 않았다.

이후 우연히 학교 도서관에서 책을 읽던 중 라이프코칭을 접하게 되었는데, 당시에는 라이프코칭이라는 것이 국내에 들어온 지 얼마 되지 않았을 때여서 자세한 정보를 찾기가 어려웠다. 그래서 무작정 활발하게 활동하고 있는 라이프코치의 블로그를 찾아가 면담을 요청했고 함께 식사를 하게 되었다. 두 번째 인생의 멘토인 김지혜 코치님을 만나게 된 순간이었다. 나는 코치님으로부터 1년간 라이프코칭을 받았고, 이것이 계기가 되어 라이프코치의 길에 들어서게 된다. 그리고 훗날 남서울대학교 코칭학회에서 우수 코칭 사례 발표를 맡을 정도로 이 분야의 전문가가 되었다.

3. 권영애 선생님

나는 권영애 선생님을 통해 레버리지와 시간을 활용하는 것에 대한 깨달음을 얻었다. 권영애 선생님에 대한 부분은 앞에서 언급했으니 넘어가겠다.

4. 김스노

김스노는 훌륭한 멘토이자 지금은 친한 사촌형과 같은 존재다. 그는 내가 원활하게 온라인 쇼핑몰 사업을 시작할 수 있도록 여러 조언을 아낌없이 제공했다. 지금도 고민이 있을 때면 늘 연락을 하고 조언을 부탁한다. 만약 그가 없었다면 나는 정말 많은 돈을 잃었을 것이다.

5. 송종국 팀장

사업을 진행하며 끊임없이 불안했다. 구멍 뚫린 배에서 새는 물을 밖으로 퍼내며 앞으로 나아가는 느낌이었다. 왜냐하면 회사 매출의 대부분이 네이버 쇼핑이나 쿠팡에 편중되어 있었기 때문이다. '매출만 잘 나오면 되는 거 아니야?'라고 생각할 수도 있다. 이 상황을 고깃집으로 비유하면 이렇다. 내가 운영하는 고깃집 주변에 갑자기 대규모 공사가 시작되었다고 가정해보자. 공사장 인부들이 몰

려들어 순간적으로 손님이 늘어났고, 손이 부족해지자 가게도 확장하고 사람도 더 뽑았다. 그런데 공사가 마무리되어 인부들이 빠져나가면 어떻게 될까? 당연히 매출이 큰 폭으로 추락할 것이다. 온라인 쇼핑몰 사업도 마찬가지다. 특정 플랫폼에 과도하게 매출을 의지하면 그만큼 리스크가 커지는 셈이다.

그런 나를 보고 송종국 팀장은 유튜브 활성화, 콘텐츠 마케팅, 팬덤 마케팅을 기반으로 한 '선순환 비즈니스'를 제안했다. 송종국 팀장의 조언이 없었다면 나는 아직도 언제 떨어질지 모르는 매출을 볼 때마다 불안에 떨고 있었을 것이다. 현재 우리 회사는 송종국 팀장이 제시한 로드맵을 바탕으로 차근차근 성장해나가고 있다.

당신은 멘토가 있습니까?

스포츠의 신기록은 시간이 지나면 경신되기 마련이다. 사람은 예나 지금이나 팔 2개, 다리 2개인 것은 똑같은데 왜 기록은 계속 경신되는 것일까? 그것은 진보하는 교육 때문이다. 시간이 지나면 지날수록 기록이 더 잘나오도록 그 방법이 끊임없이 수정·보완되기 때문이다.

가르침 없이 무엇인가를 시작한다는 것은 수십 수백 번 보완되고 입증된 방법을 버리고 스스로 모든 것을 개척하고 배운다는 것과 같은 뜻이다. 남들이 겪은 시행착오와 과오를 그대로 따르며 시간을 버릴 것인가? 혹은 멘토를 찾아가 남들보다 시행착오를 빠르게 줄여나갈 것인가? 시대를 뒤흔든 위대한 업적을 남긴 스티브 잡스도 멘토가 있었다. 이 글을 읽고 있는 당신은 멘토가 있는가?

추월하는 사람은 무엇이 다를까?

내가 일반적인 온라인 셀러보다 더 빠르게 성장할 수 있었던 이유는 사고방식과 기준이 뚜렷했기 때문이다.

내가 일반적인 온라인 셀러보다 더 빠르게 성장할 수 있었던 이유는 사고방식과 기준이 뚜렷했기 때문이다. 사업을 하면 상상 이상으로 자주 무언가 선택을 내려야 하는 결정적인 순간과 직면하게 된다. 그때마다 우리는 자신만의 사고방식과 기준을 갖고 빠르게 결단을 내려야 한다. 그래서 나는 사업가를 모험가에 비유하곤 한다. 모험을 하는 도중에 맞닥뜨리는 우여곡절을 잘 헤쳐나가기 위해서는 올바른 판단을 내릴 수 있는 사고방식이 필수적이다. 사전에 모든 상황을 예측할 수는 없으므로 즉석에서 판단하고 결정하는 기지가 필요하다.

추월차선에 올라탄
사업가의 사고방식

추월차선에 올라탄 사업가는 사고방식부터 다르다. 살아오면서 경험으로 터득한 부분도 있지만 나는 개인적으로 1천 년 이상 된 고전에서 많은 것을 배웠다. 그 옛날 인문학 책이 현대에도 통용되는 것을 보면 세상이 변하고 환경이 변해도 인간의 본질은 변하지 않는 것 같다. 내가 사업을 하면서 적용하는 사고방식 네 가지는 다음과 같다.

1. 돈은 일꾼이다.

사업을 한다고 이야기하면 사람들은 나에게 월 순수익이 얼마냐고 묻곤 한다. 그런데 나는 순수익이 얼마인지 잘 모른다. 사람들이 물어보는 순수익은 진짜 순수익이 아니라 아마도 당장 물건을 다 팔면 남는 돈이 얼마인지 물어보는 것 같다. 물론 그런 순수익은 얼마든지 대답할 수 있다. 그러나 세금부터 전기세, 임대료, 인건비, 회식비, 각종 제비용 등을 제외한 '진짜 순수익'은 계산하는 데 많은 노력이 필요하다.

내가 솔직하게 "통장에는 돈이 거의 없고, 3억 원 이상의 빚이 있으며, 빚을 늘릴 수만 있다면 최대한 늘리고 싶습니다."라고 이야기하면 많은 사람이 의아해한다. 일반적으로는 연매출 20억 원 정도에 직원이 20명 가까이 있는 회사라면 통장도 두둑하고 빚도 적을 거라고 생각하기 때문이다. 하지만 나는 되도록 내 통장에 돈이 없길 바라고 빚은 더 많길 바란다. 왜 그런지 이야기해보겠다.

많은 사람이 건물주가 되길 바라는 이유가 무엇일까? 그냥 많은 돈을 벌었다는 상징적인 의미도 있겠지만 건물을 갖고 있으면 월세가 들어오고, 건물의 가치가 오르면 시세차익도 얻을 수 있기 때문이다. 나 또한 사업을 시작하기 전에는 열심히 공부해서 아파트를 샀고, 2년 뒤에는 그 아파트가 2억 5천만 원이 올랐다. 만약 내가 저축만 하고 있었다면 통장엔 돈이 두둑하겠지만 지금처럼 2억 5천만 원 이상의 순수익을 얻지는 못했을 것이다. 부동산처럼 사업도 마찬가지다. 현재 운영하고 있는 사업체에서 1억 5천만 원 정도의 월 매출이 꾸준히 나오고 있는 상황인데, 이런 매출이 가능하기 위해서는 자금 회전에 1억 원가량을 들여야 한다. 자금 1억 원을 투입할 시 발생하는 월 매출 1억 5천만 원 중 순수익은 1,500만 원에 달한다. 반면 제1금융권 예적금의 수익률은 얼마인가? 많아야 2%에 불과하다. 당연히 은행에 돈을 쌓아두기보단 수익률이 훨씬 높은 시스템에 한 푼이라도 더 넣고 싶지 않겠는가? 내가 만약 자금 회전에 3억 원을 쓴다면 순수익은 3천만 원을 훌쩍 넘을 것이다. 내가 수중에 돈을 남기지 않는 이유다.

돈으로 건물을 사서 돈을 벌 것인가, 돈을 사업에 투입해 돈을 벌 것인가? 다른 것 같지만 똑같은 이치다. 그래서 나는 통장에 돈이 있으면 두렵다. 내가 가진 자본금이 1억 원이고 이번 달에 1억 원의 매출이 났다고 가정해보자. 9천만 원을 비용으로 써 순수익

1천만 원이 생겼다. 그런데 다음 달에 1억 5천만 원의 매출을 발생시키기 위해서는 1억 3천만 원의 비용을 지출해야 한다. 그러나 내가 갖고 있는 돈은 자본금 1억 원과 지난 달 순수익 1천만 원에 불과하다. 그러면 나머지 돈 2천만 원은 어떻게 조달해야 할까? 2천만 원이 없으니 대출을 받든, 지인에게 빌리든 돈을 구해 사업에 투입해야 한다.

이제 감이 오는가? 매출이 지속적으로 오르면 통장에 돈이 남아 있을 수가 없다. 계속 더 많은 물건을 사야 하기 때문이다. 그렇게 사업 시스템은 점점 커지고, 사업의 규모가 커질수록 투입되는 돈도 늘어난다. 나는 매출이 매년 3배씩 오른 탓에 수중에 돈이 계속 부족한 상태다. 돈은 그냥 돈이 아니다. 일꾼이다. 돈을 쓰지 않고 갖고 있는 것은 기회비용이 발생하는 것과 같다. 만약 통장에 남는 돈이 생기면 나는 이렇게 중얼거릴 것이다.

"얘네가 왜 일을 안 하고 여기에 있지? 혹시 사업에 문제가 생겼나?"

2. 시간이 돈이다.

내가 아는 성공한 사람들은 모두 직원이 있었고, 타인의 시간을 사는 데 거리낌이 없었다. 나 역시 사업 초기부터 직원을 고용했다. 직원을 고용한 가장 큰 이유는 N잡러여서 시간이 현저히 부족했기 때문이다. 대표만 할 수 있는 일 외에는 모두 직원에게 위임했다. 처음 사업을 시작할 때 대표가 뭐든 직접 나서서 해결하려고 하는 경우가 많다. 아니 사실 거의 대부분이 그렇다. 이유를 물어보면 "내 사업이 아직 수익이 없는데 직원을 두는 게 부담스럽다."라고 답한다. 이게 내 기준에선 참 이상한 답변이다. 고깃집을 창업했는데 당장 매출이 없다는 이유로 설거지도 내가 하고, 계산도 내가 하고, 요리고 내가 하고, 청소도 내가 할 것인가? 아마 초등학생에게 물어도 직원을 고용하는 게 맞다고 대답할 것이다. 그런데 이상하게 온라인 쇼핑몰 사업을 할 때는 혼자 모든 것을 하려는 경우가 많다. 명심하자. 정말 작은 식당도 홀서빙 아르바이트 한 명 정도는 꼭 고용한다.

직원 고용도 중요하지만 도구를 잘 활용하는 것만으로도 돈을 벌 수 있다. 나의 첫 직원이자 현재 우리 회사 팀장인 막내동생은 아주 착실하다. 창업 초기부터 머리로 하는 일은 내가 했고, 몸으로 하는 일은 이 친구가 도맡았다. 예를 들어 쿠팡에 입점하는 것, 견적서를 넣는 일, 상품을 올리는 일, 고객을 응대하는 일 등은 모두 해당 팀장이 담당했다. 우리는 아침부터 저녁까지 일을 하느라 끼니를 모두 사무실에서 해결했는데, 1년쯤 지난 어느 날 동생이 꽤 오랜 시간 설거지를 한다는 사실을 깨달았다. 나는 하루에 설거지를 하는 데 시간이 얼마나 드는지 물었고, 약 40분에서 50분이 걸린다는 답변을 들었다. 당시 동생의 시급이 1만 5천 원가량이었는데 365일 매일 하루 1시간씩 설거지를 한다고 계산해보니 547만 5천 원이라는 결과가 나왔다.

나는 한참을 멍하니 계산기를 바라보다 곧바로 인터넷으로 식기세척기를 구매했다. 가장 큰 사이즈의 식기세척기가 60만 원 정도였는데, 식기세척기를 구매하자 설거지 시간이 15분으로 줄어들었다. 식기세척기를 쓰느냐, 마느냐로 연 300만 원가량의 순수익이 움직인 것이다. 의외로 이렇게 쓸데없는 곳에서 돈이 많이 낭비된다. 항상 시스템이 효율적으로 돌아갈 수 있도록 늘 고민해야 하는 이유다. 시간을 돈 주고 사는 것이 망설여진다면 당신의 사업에 확신이 부족한 것이다. 이때는 다시 초심으로 돌아가 확신이 들 정도로 더 알아보고 공부해야 한다.

3. 무지가 적이다.

나는 학습하는 일에 망설임이 없는 편이다. 책을 읽는 것만 이야기하는 것이 아니다. 강의를 들으러 가거나, 직접 비용을 들여 경험을 사서 해보는 등 스스로 더 나아질 수 있는 방법이 있다면 물불을 가리지 않는다. 나는 혼자 고민할 시간에 많은 전문가를 만나며 직접 배우러 뛰어다니는 편이다. 학습에 사용되는 돈과 시간을 아까워하지 않는다.

사업을 시작하고 처음 1년 동안 번 돈은 공부하는 데 다 쓴 것 같다. 물론 모든 학습과 배움이 유용한 것은 아니었다. 돈을 버리는 경우도 부지기수다. 그럼에도 내가 돈과 시간을 아끼지 않고 배움에 몰두한 이유는 뭐가 뭔지 몰라 생기는 '주저함'이 가장 큰 리스크라고 생각했기 때문이다. 잘 생각해보자. 우리가 '수학'이라는 걸 고등학교 수준까지 배우는 데 어릴 때부터 얼마나 많은 돈과 시간을 썼는가? 그런데 그 어려운 사업을 위해서 쓰는 돈과 시간인데 아낄 필요가 있을까? 명심하자. 사업에서 무지는 치명적인 손실과 직결된다. 교육비로 수학 공부할 때 쓴 돈의 반의반만 써도 충분할 것이다.

4. 최고가 아니라 유일하게

『타이탄의 도구들』에는 이런 이야기가 나온다. 누구나 일정한 노력을 기울이면 상위 25%까지 올라갈 수 있는 분야가 적어도 2개 정도는 있는데, 이러한 두 가지 이상의 능력으로 어떻게든 자신을 희귀한 존재로 만들어야 한다고. 즉 어떤 한 분야에서 1%가 되는 것은 어렵지만 한 가지 분야에서 1%가 될 노력으로 상위 25%가 될 수 있는 분야들(타이탄의 도구들)을 찾아 모으면 1%의 사람이 될 수 있다는 것이다.

나는 누구나 자신이 갖고 있는 능력들을 잘 조합하면 유일한 존재가 될 수 있다고 생각한다. 우리나라에 라이프코치를 10년간 경험하고 온라인 셀러 겸 유튜버 겸 작가인 사람이 있을까? 아마 전 세계에도 유례가 없을 것이다. 이처럼 한 분야를 특출 나게 잘하기란 정말 힘들지만 평범한 능력들을 잘 조합하면 전혀 다른 성과가 나타난다. 나는 어렸을 때부터 사진 찍는 것이 취미였는데, 이 취미가 뜻밖에도 온라인 쇼핑몰 사업을 하면서 굉장히 많은 도움이 되었다. 취미 덕분에 제품 촬영을 직접 수월하게 해낼 수 있었고, 유튜브 채널도 비교적 쉽게 운영할 수 있었다. 스스로 특별하지 않다

고 생각하지 말고 내 안에 있는 평범한 능력들을 발굴해 특별하게
만드는 사고방식부터 갖기 바란다. 사업가에게 있어 정말 중요한
마인드다.

사업을 글로 배울 수 있을까?

만약 연애를 직접 해보지 않고 글과 영상으로 배운다면 어떤 일이 벌어질까? 당연히 잘 될 리가 없다.

당신은 '직장'과 '직업'을 구분할 수 있는가? 직장은 사람들이 일정한 직업을 갖고 일하는 곳이고, 직업은 생계를 유지하기 위해 자신의 적성과 능력에 따라 일정한 기간 동안 종사하는 일을 의미한다. 옛날에는 한 직장에서 평생을 종사하며 먹고살았고, 한평생 직업이 하나인 경우도 흔했다. 세상이 지금보다 단조롭고 변화가 빠르지 않아서 가능한 일이었다. 그리고 무엇보다 가장 크게 달라진 것은 사람의 수명이다. 1960년대 한국인의 평균 기대수명은 50대였다. 학교를 다닌 후 사회에 나와 20년가량 일을 하면 인생의 황혼기에 접어든 것이다. 그러나 지금의 기대수명은 무려 80대에 달한다. 즉 40년 이상 일을 해야 돈 걱정 없이 노후를 보낼 수 있게 되었다. 그렇기에 평생직장이라는 개념은 사라지고 N잡의 시대가 열린 것이다.

우리에게 이제 직장은 직업을 얻기 위한 장소에 불과하다. 무언가 배우기 위해 회사에 들어가는 경우도 많다. 그리고 회사에 들어간 기간 동안 열심히 배우고 준비해서 새로운 도전을 시작한다. 그래서 나는 회사를 '성인학교'라고 생각한다. 인터넷이 없던 시절에 무언가 새로운 산업에 들어가거나 직업을 얻기 위해서는 관련 학과에 입학하거나 관련 업종에서 일하며 경험을 쌓는 방법밖에는 없었다. 그런데 요즘은 어떠한가? 내가 어떤 산업에 관심이 생기면 아주 쉽게 관련 강의를 찾아볼 수 있다.

사업을 글로
배울 수 있을까?

그럼 사업은 어떨까? 사업도 글과 영상으로 배울 수 있을까? 연애를 예로 들어보자. 만약 연애를 직접 해보지 않고 글과 영상으로 배운다면 어떤 일이 벌어질까? 당연히 잘 될 리가 없다. 우리 모두 어떤 분야든 글과 영상만으로는 부족하다는 것을 잘 알고 있다. 그런데 왜 온라인 사업은 가능하다고 생각하는 걸까?

우리가 온라인 쇼핑몰에 대해 뭔가 습득한다고 생각해보자. 4시간짜리 강의록을 입수해 줄을 그어가며 암기했다면 창업 준비가 끝난 것인가? 이건 박지성에게 축구하는 법을 몇 시간 배웠으니 축구선수로 나서기에 충분하다는 말과 같다. 우리나라 최고의 축구선수에게 레슨을 받았다고 해서 중학생 축구선수와 경쟁해 이길 수 있을 거라 생각하는가? 착각하지 말자. 모든 일에는 시간이 걸린다. 상대가 누구든지 쉽고 빠르게 성공할 수 있다는 환상을 심어주는 사람이라면 경계해야 하는 이유다.

　사실 무언가를 습득하고 알아가는 데 직접 해보는 것만큼 좋은 방법은 없다. 그러나 직접 시행착오를 겪는다는 건 돈과 시간을 잃는다는 의미이기도 하다. 그러니 안전하게 실습할 수 있는 방법을 찾아야 한다. 가장 쉬운 방법은 관련 업종의 직장에 취직하는 것이다. 글로 학습하는 것이 익숙하거나 영상으로 배움을 얻을 수 있다고 믿는 사람들은 '왜 굳이 취직까지 해서 배우느냐?'라고 생각할지 모른다. 그러나 머리로 안다고 실전에서 바로 적용할 수 있는 것은 아니다. 번지점프를 하는 방법을 안다고 해서 번지점프를 쉽게 할 수 있는 게 아니듯이.

　나는 머리로만 알고 행동으로 옮기지 못하는 것을 '노하우의 늪'에 빠졌다고 말한다. 사람들이 나에게 사업 비결과 노하우를 물을 때마다 가감 없이 모두 알려주지만 나와 비슷한 성과를 거두는 경우는 굉장히 드물었다. 세상은 그렇게 심플하지 않다. 수백 수천 가지의 선택과 선택으로 나온 결과를 '어떤 특정한 노하우' 때문이라고 뭉뚱그려 설명하는 것은 불가능에 가깝다.

현재 우리 회사에는 유튜브 구독자였다가 나와 인연이 되어 함께 일하게 된 직원이 4명 있다. 이들과 처음 면접에서 만났을 때 나는 다음과 같이 이야기했다. "내가 말로 전달할 수 있는 노하우나 기술이라는 것은 당신이 10시간만 허락해준다면 다 들려줄 수 있다. 그러니 그것을 배우고 싶다면 시간에 합당한 돈을 지불하고 그냥 노하우만 듣고 가는 게 낫다. 하지만 직접 몸으로 배우는 것과 간접적으로 배우는 것은 천지차이다."

기반이 튼튼하다면
직접 부딪히는 게 낫다

자, 그러면 모든 예비 창업자가 온라인 쇼핑몰에 입사해야만 하는 걸까? 꼭 그런 것만은 아니다. 나는 온라인 쇼핑몰에 취업하려고 하는 예비 창업자가 있으면 대부분 말리는 편이다. 무조건 그러라는 건 아니고, 다음의 다섯 가지 사례 중 하나 이상 해당되는 사람에게는 취업을 권하지 않는다.

1. 월급이 400만 원 이상이다.
2. 고정지출을 빼면 여윳돈이 매달 50만 원 이하로 남는다.
3. 나이가 40세 이상이다.
4. 부채가 2억 원 이상이다.

일단 급여로 400만 원 이상을 벌고 있다면 최대한 아끼고 아꼈을 경우 300만 원 정도는 여유자금으로 뺄 수 있다. 그러면 국가지원금을 신청해 비교적 수월하게 사람을 쓸 수 있다. 본업과 병행하면 리스크가 크지 않으므로 직접 사업을 해보는 편이 더 좋은 방법이라고 생각한다. 그런데 매달 소요되는 고정지출이 많아 여유자금이 50만 원 이하라면 어떡할까? 당장 받고 있는 월급을 포기하고 신입으로 취직해 박봉을 받을 수는 없는 노릇이다. 경력이 있다면 모를까 신입으로 취직하면 본업만큼 월급을 받기가 어렵다. 같은 이유로 고정지출이 많은 40세 이상 역시 온라인 쇼핑몰 취직을 권하지 않는다. 회사 입장에서는 신입을 뽑는데 나이가 많으면 급여에 대한 부담 때문에 채용이 쉽지 않다.

부채가 2억 원 이상인 경우에도 취업은 권하지 않는다. 사람들이 착각하는 것이 있는데, 사업을 해서 한 방에 빚을 갚으려는 생각은 절대 금물이다. 한 방을 바라면 건강하게 비즈니스를 할 수 없고, 대부분 수단과 방법을 가리지 않고 사업을 진행하다 큰 리스크와 직면하는 경우가 많다. 무엇보다 사업해서 번 돈을 빚을 갚는 데쓰겠다는 건 사업을 키울 생각이 없다는 말과 같다. 회사는 성장할수록 더 큰돈이 필요하고, 빠르게 성장할수록 내가 번 돈보다 써야하는 돈이 많아진다. 돈을 동원할 수 없다면 성장할 기회가 와도 잡지 못한다.

정부지원으로
사업하라

지원금은 식원들의 사회보험료 등을 지원해주는 간접적인 지원과 임금 자체에 도움을 주는 직접적인 지원으로 나뉜다.

솔직히 말해서 나는 사업을 시작할 때 혼자만의 힘으로 성공할 자신이 없었다. 누군가는 이렇게 말한다. "능력이 없으면 시작도 하지 말아야지!" 하지만 내 생각은 다르다. 누구에게나 시작은 존재한다. 한 번에 모든 것을 잘하는 사람을 천재라 부르는 이유는 그런 사람이 극히 드물기 때문이다. 내가 사업을 하면서 가장 자신이 없었던 부분은 돈에 관한 것이었다. 엄청 큰돈을 벌어본 적도, 관리한 적도 없었기 때문이다. 내가 만져본 가장 큰돈은 아파트 전세금 정도가 다였다.

그래서 사업을 시작하자마자 가장 먼저 나라에서 지원해주는 지원금 제도와 대출을 알아봤다. 분명히 나는 사업이 미숙할 것이고, 처음부터 잘 돌아가지는 않을 것이기 때문에 돈을 잃더라도 살아남을 수 있는 구멍이 필요했다. 나에게 그 구멍이 바로 정부지원금이었다. 정부지원은 크게 사업자금과 관련된 지원과 인건비와 관련된 지원이 있다. 사업자금의 경우 소상공인대출이나 긴급재난지원금 등이 있으며, 사업의 특성에 따라 마케팅 비용이나 물품 구매를 위한 지원금도 있다.

반드시 챙겨야 하는 정부지원금

처음에는 대부분 작은 규모의 1인 기업으로 사업을 시작한다. 하지만 사업의 방향을 결정하는 고민으로 신중할 시기에 대표가 직접 고객의 CS를 해결하느라 전화를 붙잡고, 택배 작업까지 일일이 해야 한다면 손해가 이만저만이 아니다. 그렇다면 직원을 고용해야 하는데, 최저시급이 매년 꾸준히 상승하고 있는 이 어려운 시기에 무턱대고 사람을 뽑을 수도 없는 노릇이다.

1. 사회보험료 지원 정책

이때 정부지원금을 잘 이용하면 인건비를 아낄 수 있다. 지원금은 직원들의 사회보험료 등을 지원해주는 간접적인 지원과 임금 자체에 도움을 주는 직접적인 지원으로 나뉜다. 사회보험은 우리가 흔히 '4대보험'이라고 칭하는 것들로, 단순히 네 가지여서 4대보험이라 부르지만 정식 명칭은 아니다. 4대보험은 각각 건강보험, 국민연금, 고용보험, 산재보험으로 구성되어 있다. 직장 생활을 하며 급여를 받아본 경험이 있다면 정해진 월급에서 회사가 원천징수를 해 이 4대보험료를 대신 납부해주는 것을 알고 있을 것이다.

법적으로는 주 15시간, 월 60시간 이상 근로하는 근로자라면 사회보험에 가입해야 하는 원칙이 있다. 「근로기준법」상 근로자에는 일용직 아르바이트, 기간제 계약직, 정규직의 구분이 없으므로 직장에서 일하는 모든 근로자는 이 법의 테두리 안에 포함된다. 만약 이를 어기고 보험에 가입하지 않게 되면 나중에 출퇴근길이나 업무 중 사고를 당하더라도 산재 처리가 되지 않아 사업주가 모든 보상을 짊어지게 될 수 있고, 직원들은 서류상 무직이기 때문에 대출이 제한될 수 있다.

물론 열심히 땀 흘려 받은 월급인데 국가에서 보험료를 뗀다고 하니 마음이 불편해지기도 한다. 그래서 일부 일용직 근로자의 경우 사업주와 상의해 4대보험에 가입하지 않거나, 가입을 하더라도 고용보험이나 산재보험과 같은 일부 보험만 가입하는 경우도 있다. 또 작은 사업장일수록 이를 무시하고 가입하지 않는 경우도 있는데, 이럴 경우 사업주는 세액공제나 사회보험과 관련된 정부지원금의 혜택을 받지 못한다.

희망을 가져야 할 건 이러한 근로자와 사업주의 부담을 덜어주

사회보험료 지원 정책(2021년 기준)

구분	두루누리 사회보험료지원	일자리 안정자금
지원 대상	· 10인 미만 근로자 사업장의 사업주와 근로자	· 30인 미만 노동자를 고용 중인 사업주
지원 요건	· 월평균 보수가 220만 원 이하	· 월평균 보수 219만 원 이하 · 최저임금 준수, 고용보험 가입 · 지원금 신청 이전 1개월 이상 고용 유지 · 전년도 보수 수준 유지
지원 금액	· 신규가입 근로자 및 사업주가 부담하는 고용보험과 국민연금 보험료의 80%	· 5인 미만 사업장 1인당 월 최대 7만 원 · 5인 이상 사업장 1인당 월 최대 5만 원 · 단시간 노동자는 근로 시간 비례 지급(최대 5만 원) · 일용직 근로자는 월 근로일수 기준 비례 지급(최대 5만 원)

자료: 고용노동부

는 정부지원금이 있다는 것이다. 대표적으로 두루누리 사회보험료지원, 일자리 안정자금이 있다. 두루누리 사회보험료지원은 소규모 사업을 운영하는 사업주와 소속 근로자의 사회보험료(고용보험·국민연금)의 일부를 국가에서 지원함으로써 사회보험 가입에 따른 부담을 덜어주고, 사회보험 사각지대를 해소하기 위한 사업이다. 지원 대상은 근로자 수 10명 미만인 사업장이며, 월평균 보수가 220만 원 이하여야 한다. 최저임금을 반드시 준수해야 하며, 지원 수준은 신규가입 근로자와 사업주가 부담하는 고용보험과 국민연금 보험료의 80%다. 꽤 큰 비용을 지원해주기 때문에 사업을 염두에 두고 있다면 반드시 챙겨야 한다. 다만 지원 수준과 지원 대상은 매년 변동이 있으므로 작년에 시행한 지침과 내년에 시행하게 될 지침이 항상 동일하지는 않다.

일자리 안정자금은 최저임금 인상으로 인한 소상공인 및 영세 중소기업의 경영 부담을 덜어주고자 사업주에게 인건비를 지원해주는 사업이다. 경영상의 어려움에도 노동자의 임금을 삭감하지 않을 경우 지원금을 받을 수 있다. 2020년에 이미 지원을 받은 사업장도 2021년에 다시 신청을 해야 받을 수 있다. 지원 수준은 월평균 보수 219만 원 이하 노동자를 고용한 사업주이며, 최저임금 수준을 반드시 준수해야 하고, 고용보험에 가입된 근로자여야 한다. 5인 미만 사업장은 1인당 월 최대 7만 원, 5인 이상 사업장은 1인당 월 최대 5만 원을 지원해준다. 이 또한 두루누리 사회보험료지원과 마찬가지로 지침이 매년 변동될 수 있으므로 해가 바뀔 때 마다 숙지해야 한다.

이 밖에도 고용장려금 지원제도 등 고용 창출을 위해 정부에서 지원해주는 지원금이 여럿 있다. 늘 관련 홈페이지를 확인하며 사업장의 특성과 채용하게 될 근로자의 특성에 따라 적합한 지원 정책을 찾아보기 바란다.

2. 일자리·고용 임금지원 정책

임금 자체를 지원해주는 정책도 꼼꼼히 챙겨야 한다. 앞서 다룬 사회보험료 지원 정책은 일자리·고용 임금지원 정책에 비하면 지원금액이 상대적으로 적은 편이다. 지원금의 성격에 따라 임금의

일자리·고용 임금지원 정책(2021년 기준)

구분	청년디지털일자리사업	고용촉진장려금	특별고용촉진장려금
지원 대상	· 5인 이상 중소·중견기업 (「고용보호법」상 우선 지원 대상 기업, 「중견기업법」상 중견기업)	· 모든 사업주	· 코로나19 지속으로 어려운 취업 여건에 대응해 실업자 고용 촉진을 위해 신규 채용 사업주에게 지원
지원 요건	· 채용일 기준 만 15세 이상~만 34세 이하의 청년 · 주 15시간 이상, 3개월 이상의 근로계약 체결	· 취업지원 프로그램 이수 및 구직 등록한 실업자를 고용해 6개월 이상 고용 유지	· 구직 등록을 한 실업자 · 코로나19로 고용 사정이 악화되어 1개월 이상 실업 중인 자
지원 금액	· 200만 원 이상 임금 지급 시 인건비 월 180만 원+간접 노무비 10만 원 · 200만 원 미만 임금 지급 시 지급 임금의 90%+간접 노무비 10만 원	· 신규 고용한 근로자 수 1인당 월 30만~60만 원 지원	· 우선 지원 대상 기업 월 100만 원, 최대 6개월 지원

자료: 고용노동부

대부분을 지원하기도 하니 사업장의 업무 특성에 맞춰 적합한 지원금을 받는 것이 좋다. 대표적으로 청년디지털일자리사업, 고용촉진장려금, 특별고용촉진장려금 등이 있다.

청년디지털일자리사업은 청년을 채용할 경우 월 최대 190만 원을 지원받을 수 있는 제도다. 고용보험 피보험자 수가 5인 이상이어야 하며, 예외적으로 피보험자 수가 1인 이상~5인 미만의 기업이라도 운영 지침에 해당하면 참여 가능하다. 청년디지털일자리사업에 참여 신청을 제출해 승인을 받고, 이후 청년을 채용할 시

IT 관련 직무를 목적으로 채용해야 한다. 참여 기업은 참여 신청일 1개월 전(신청일 포함)부터 채용일 사이까지 고용 조정으로 인한 인위적인 감원이 없어야 한다. 참여 청년은 만 15세 이상~34세 이하여야 하며 채용일 현재 취업 중이 아닌 자, 채용일 기준 고등학교나 대학교에 재학 중이지 않은 자여야 한다. 졸업 예정자이거나 방송통신대학, 사이버대학, 학점은행제, 야간대학, 대학원에 재학 중이거나 고등학교 졸업 예정자로 마지막 학기 교육 과정을 종료했다면 참여 가능하다.

청년디지털일자리지원사업은 고용노동부 워크넷(www.work.go.kr)을 통해 운영기관을 지정해 신청하면 된다. 운영기관이란 사업장에서 청년들에 대한 서류와 지원금 신청서류를 대신해서 처리해주는 업체라고 생각하면 이해가 쉽다. 해당 업체는 지역마다 있으며, 사업장을 운영하는 지역에 운영기관이 있는지 확인해 업무 협약을 체결하면 된다.

고용촉진장려금도 꼭 챙겨야 한다. 고용촉진장려금은 통상적인 조건에서 취업이 어려운 취업 취약계층의 고용 촉진을 위해 이들을 신규 채용한 사업주에게 지원금을 지원하는 제도다. 임금체불로 명단이 공개 중인 사업주, 동일 사업주 또는 관련 사업주, 장애인 고용 의무 미이행 사업주 등을 제외하고는 모든 사업주가 지원 대상이다. 지원 수준은 월 60만 원씩, 규모가 큰 기업의 경우 월 30만 원씩 총 6개월간 지원한다.

마지막으로 특별고용촉진장려금도 요긴한 지원 정책이다. 고용촉진장려금과의 차이는 앞에 '특별'이 붙었다는 것이다. 코로나19로 인해 악화된 취업 여건 속에서 취업 취약계층에 속한 실업자의 취업을 촉진하기 위해 지원 대상인 실업자를 신규 채용 시 사업주에게 지원하는 제도다. 고용촉진장려금에 비해 한시적으로 지원 요건이 줄어들고 지원 기간이 짧지만 지원금액은 큰 편이다. 지난 2020년에도 한시적인 기간 동안 시행했으며 2021년에도 진행하고 있다. 특별고용촉진장려금은 취업 촉진이 필요하다고 인정되는 실업자를 고용하는 우선 지원 대상 기업의 사업주를 우선적으로 지원한다. 시행 기간 사이에 채용된 사람에게 6개월간 월 100만 원씩 지원하며, 고용촉진장려금에 비해 조건이 완화되어 1개월 이상 실업 중인 자를 채용하면 된다. 특별고용촉진장려금의 장점은 이렇게 채용된 직원이 6개월간 지원을 받은 이후 지원이 종료되면 다시 고용촉진장려금을 추가로 신청할 수 있다는 점이다.

몸이 10개가
되어야 한다

사업 조반에 생기는 대부분의 문제는 '무지'에서 발생한다. 따라서 첫 번째 직원은 업무를 배우는 학습력과 학습한 내용을 실행하는 문제해결력이 동반되어야 한다.

처음 사업을 시작했을 때는 정말 시간이 턱없이 부족했다. 아는 게 하나도 없었고 공부할 것도 산더미였다. 상품 관리부터 쿠팡에 견적서를 넣는 일까지 한 번에 쉽게 되는 일이 없었다. 어떤 일이든 3번 안에 성공하면 정말 감사했다. 프린터 설정 하나에 막혀 하루를 꼬박 날린 날도 있었다. 입에 욕을 얼마나 많이 달고 살았는지. 내가 마음이 급한 것도 있었지만 스스로 모르는 게 뭔지조차 모르는 상황이 반복되는 것이 굉장한 스트레스였다.

뭘 할 때마다 모르겠고, 벽에 부딪히고, 당황스러워서 고객을 만나러 가는 게 너무 부담이었다. 공부도 손에 잡히지 않았다. 그렇게 인상을 팍 쓰고 씩씩거리며 일하고 있는데, 상황은 직원을 채용하고 급변했다. 직원 한 명을 두자 나는 정말 많은 시간을 벌 수 있었다. 직원을 쓴다는 건 단순히 일 몇 가지를 위임한다는 뜻이 아니다. 사실 단순 업무 몇 가지를 맡기는 건 아르바이트생을 뽑는 것만으로도 충분하다. 직원을 쓴다는 건 나의 몸을 늘리는 일, 그러니까 내 분신을 만드는 것과 같다.

1인이 해야 하는
10개 부서의 일

나는 고용한 직원이 '나'인 것처럼 업무를 분담했다. 온라인 쇼핑몰 사업을 혼자 시작한다고 회사가 마땅히 해야 하는 업무가 줄어드는 것은 아니다. 규모가 작을지언정 온라인 쇼핑몰의 부서는 개발팀, 경영지원팀, 디자인팀, 마케팅팀, 상품기획팀, 생산팀, 유통팀, 재무팀, 콘텐츠팀, 인사팀, 물류팀 등 일반적인 회사의 부서와 크게 다를 게 없다. 1인 기업이라고 해서 이 부서들의 업무를 안 하는 것이 가능할까?

몇 가지 업무를 위탁한다고 해도 업무를 분배하고 알려주기 위해선 대표인 자신이 해당 업무를 잘 알고 있어야 한다. 그러나 이 지점에서 문제가 생긴다. 개발, 경영, 디자인, 마케팅 등에 모두 초보인데 어떻게 일을 잘 위탁하고 위임하겠는가? 나는 빠른 시간에 혼자서 모든 부서의 일을 공부하고 시작하는 건 불가능하다 판단했고, 그래서 상품기획, 마케팅, 경영지원, 재무를 제외하고는 모두 분신(직원)에게 위임했다. 업무의 위임뿐만이 아니라 공부하는 것까지 위임했다. 그렇기에 첫 번째 직원을 뽑을 때는 급여를 좀 더 높게 책정하더라도 학습력과 문제해결력을 갖춘 사람을 찾아야 한다.

사업 초반에 생기는 대부분의 문제는 '무지'에서 발생한다. 따라서 첫 번째 직원은 업무를 배우는 학습력과 학습한 내용을 실행하는 문제해결력이 동반되어야 한다. 본인이 몸이 10개가 아닌 이상 인건비를 아끼지 말고 정말 '능력' 있는 사람을 써야 한다. 그래야 사업의 속도를 높일 수 있다. 나는 분신과도 같은 직원을 채용한 후 아래와 같은 업무를 위임했다.

1. 쿠팡 상세페이지 변경
2. 상품 패키지 찾기
3. 국사지원 사업 준비
4. PC 프린트 등 기타 설비 세팅
5. 기타(청소, 시설관리 등)

예를 들어 이렇다. 쿠팡에 견적서를 넣는 일은 누가 알려주지 않으면 직접 하나하나 시행착오를 겪어야 한다. 하지만 한 번 배우고 나면 따로 더 공부할 필요가 없다. 국가지원 사업 준비 또한 신청서 작성부터 조건 파악, 제출해야 할 서류 준비 등 소모적인 일이 대부분이다. 이것은 창의적인 영역이라기보단 단순 업무에 가깝다. PC 프린트 등 기타 설비 세팅도 마찬가지다. 이러한 업무를 위임하지 않고 대표인 내가 직접 일일이 한다고 생각해보자. 효율적인가, 비효율적인가? 직접 하는 게 비효율적인 일은 직원에게 맡기는 것이 좋다. 상품기획, 광고와 같은 지속적으로 수정하고 보완해야 하는 부분만 직접 맡으면 된다.

전부 다 알아야
하는 것은 아니다

누군가에게 사업에 대해 조언을 구하면 대개 "내가 모든 것을 할 줄 알게 된 다음에 다른 사람에게 일을 위임해야 합니다."라는 말을 듣게 된다. 나는 이 말에 어느 정도 동의하지만 전부 동의하지는 않는다. 사업 초기에는 알고 있는 것이 적고, 할 일은 많고, 시간은 없다. 특히 사업과 여러 부업을 병행하는 N잡러라면 더더욱 시간이 없다. 이 상황에서 대표가 모든 것을 알고 난 뒤 직원에게 일을 위임하려면 시간이 많이 든다. 물론 이 부분은 정답이 없다. 대표가 모든 것을 알고 위임하는 게 좋다고 생각되면 그렇게 하면 된다. 하지만 그렇지 않다면 믿을 수 있는 직원을 채용해 함께 산적한 문제를 풀어나가는 것도 하나의 방법이다.

다시 한번 강조하지만 대표 자신이 경험이 많지 않고 초보 셀러라면 학습과 업무를 병행할 직원이 필요하다. 비용을 좀 쓰더라도 사업 초기에는 능력 있는 직원 1명이 평범한 직원 3명보다 더 좋은 효과를 낼 수 있다. 나 역시 일을 믿고 맡길 수 있는 첫 번째 직원이 있었기에 누구보다 빠르게 사업을 확장시킬 수 있었다.

비즈니스 모델을
확장하라

한 영역에서 최고가 되긴 어려워도 여러 영역을 융합하면 유일한 존재
가 될 수 있다.

경쟁자들이 빠르게 성장해 나를 추월하는 모습을 보면 마음이
조급해지기 마련이다. 나는 특히 1년 차 이후에 그 두려움이 가장
컸는데, 당시 매출의 80%가 쿠팡에서 나오고 있는 상태여서 고민
이 더 깊었다. 매출의 대부분이 한 곳에서 나오면 그만큼의 리스크
도 따르기 마련이다. 그래서 어떻게 하면 매출을 다각화할 수 있을
지 고민했다. 가장 먼저 쓴 방법은 쿠팡을 제외한 나머지 플랫폼의
광고비 지출을 늘려 매출을 키우는 것이었다. 그러나 아무리 광고
비 비중을 늘려도 매출은 쉽게 분산되지 않았다.

어떻게 하면 또 다른 매출을 창출할 수 있을까? 고민이 깊어질

때쯤 한 유튜버가 『타이탄의 도구들』이라는 책을 소개하는 영상을 보게 되었다. 그 책을 통해 나는 내가 가진 도구들을 잘 활용하면 차별화된 무언가를 만들어낼 수 있다는 사실을 깨달았다. 제품 촬영, 상세페이지 기획, 사람 관리, 내 편 만들기, 상담, 라이프코칭, 성격 유형 파악, 영상 편집, 드론 날리기, 심리학 지식, 경영학 지식, 인문학 지식, 요식업 경영, 유튜브 크리에이터 등 나는 내가 가진 도구들을 하나씩 점검했다. 그리고 이것을 사업에 적용해 파이프라인을 여러 가지로 늘리기 위해 노력했다. 내가 직접 노동을 하지 않아도 수익이 들어오는 파이프라인을 다각화하기 위해 나는 다음의 세 가지 기준을 세웠다.

1. 크게 노력하지 않아도 판매될 수 있어야 한다.
2. 해당 상품을 당장 구매할 수 있는 사람이 있어야 한다.
3. 내 온라인 쇼핑몰과 연관성이 있어야 한다.

능력을 융합해
8개 사업을 창출하다

나는 내가 가진 도구들을 융합해 다음의 8개 사업을 추가로 시작했다.

1. 식품 소분업

가장 먼저 시작한 사업은 식품 소분업이었다. 당시 사무실에 공간이 많이 남아 인건비만 해결이 되면 식품 소포장으로 수익을 만들 수 있었다. 그래서 정부지원금을 활용해 직원을 고용한 다음 포장을 대신해주는 위탁 업무를 맡겼다. 정부지원금을 통해 인건비를 절반 이상 줄였기 때문에 순수익이 쏠쏠했다. 사람을 관리하는 일은 내가 자신 있는 분야였기 때문에 어려움이 없었다. 이 사업을 시작하는 데는 약 50만 원 정도의 비용이 들었고, 현재는 이 분야로 월 500만 원 이상의 순수익을 벌고 있다.

2. 촬영 대행 및 상세페이지 제작

두 번째로 시작한 사업은 제품 촬영 대행 및 상세페이지 제작이었다. 온라인 셀러 사업 1년 차가 되었을 무렵 상품의 구성을 늘리기 위해 상세페이지를 제작해야 했다. 그런데 상세페이지 제작은 나뿐만 아니라 다른 온라인 셀러에게도 중요하고 시급한 일이었다. 그래서 채용한 웹디자이너를 통해 우리 회사의 상세페이지를 전면 수정하고, 이후에는 주변 대표들의 제품 촬영 대행 및 상세페이지 제작을 진행했다.

크몽 등 프리랜서 마켓 플랫폼을 통해 외주를 진행하려고 했지만 플랫폼이 가져가는 수수료가 높았고 광고비도 고가여서, 현재는 커뮤니티 회원들을 중심으로 저렴한 비용으로 서비스를 제공하고 있다. 회사에 인하우스 디자이너가 생기면 합이 맞는 디자이너와 함께 상세페이지 기획부터 제작까지 직접 소통하며 진행할 수 있다는 장점이 있다. 당연히 외주 디자이너보다 결과물에 대한 만족도가 높을 수밖에 없다.

3. 사업 컨설팅

세 번째로 시작한 사업은 사업 컨설팅이었다. 나도 컨설팅을 받고 사업을 시작했기 때문에 언젠가는 이 일을 해야겠다고 생각하던 참이었다. 그래서 처음에는 다른 강사들처럼 따로 강의를 준비해보려고 했다. 그런데 강의를 준비하고 컨설팅을 하기에는 너무 많은 노력이 들었다. 무엇보다 아직 1년 차밖에 되지 않았던 시기여서 무언가를 본격적으로 가르치기가 부담스러웠다. 그러다 우연히 알게 된 나만사 카페 회원 '마루'님을 무료로 돕게 되었다. 나는 "만약 제가 이 시점에 사업을 다시 처음부터 시작한다면 이렇게 할 것 같습니다."라고 솔직하게 컨설팅을 해드렸고, 그렇게 1년이 지나자 마루님의 회사는 연매출 7억 원대까지 성장했다. 마루님은 현재 자신만의 브랜드로 100여 개의 상품을 판매하고 있다.

4. 물류 대행

네 번째로 시작한 사업은 3PL 대행이었다. 앞서 언급한 마루님은 서울에서 회사를 다니는 N잡러였기 때문에 임대료가 높은 서울에 사무실을 구하기가 어려웠다. 그래서 상품 보관 및 발송을 내가 대신 해주기로 했다. 이때는 대형 물류업체의 계약서를 참고해 어떤 식으로 물류 대행이 운영되고 수입이 발생하는지, 대행 단가는 얼마인지 참고했다. 물류 대행을 시작하기 위해 추가로 들인 돈은 100만 원어치 랙을 산 비용이 전부였다. 지금은 여러 업체의 물류를 대행하면서 매달 500만 원 이상의 순수익을 얻고 있다.

5. 펜션 운영 대행

다섯 번째로 시작한 사업은 펜션 운영 대행이었다. 온라인 사업을 하다 보면 여러 가지 제안이 많이 들어온다. 돈이 굉장히 많은 어떤 분으로부터 150명 이상 수용 가능한 펜션과 수목원에 200억 원 이상을 투자했는데 자신은 나이가 많아 운영이 어렵다며 대행해서 맡아줄 수 없겠냐는 제안이 들어왔다. 그래서 직접 가서 사진을 찍고 드론을 띄워 경관을 촬영해 펜션 홍보 상세페이지를 만들고, 여러 플랫폼에 올려 숙박권을 판매했다. 코로나19로 타격을 좀 받기는 했지만 다행히 꾸준히 성과를 내고 있는 중이다. 현재는 위 펜션을 회사 연수원으로도 사용하고 있으며, 앞으로는 다양한 워크샵도 진행할 예정이다.

6. 요식업 가맹업

여섯 번째로 시작한 사업은 요식업 가맹업 사업이었다. 아버지는 오랫동안 음식점을 운영한 노하우를 살려 맛있는 꽈배기 믹스를 만드셨고, 나는 아버지의 제품을 적극적으로 마케팅해 요식업 가맹업 사업을 시작했다. 10개 이상의 지점 계약을 맺었지만 코로나19가장기화되면서 무산되고, 현재는 잠시 사업이 중단된 상태다. 이때 들어간 돈과 시간이 꽤 되지만 나름 의미 있는 도전이었다.

7. 유튜브 채널 운영

일곱 번째 사업은 유튜브를 활용한 교육사업이다. 송종국 팀장의 권유로 1주일 만에 스튜디오로 쓸 사무실을 추가로 얻었고, 1년 치 유튜브 콘텐츠 계획과 출판 계획을 세웠다. 그리고 3개월 만에 출판사와 계약을 했고, 4개월 만에 구독자 1,600명을 모았다. 현재도 꾸준히 강의 영상을 올리고 있으며, 강의 및 컨설팅은 늘 전량 매진되고 있다.

8. 사업학교 운영

여덟 번째 사업은 사업학교 운영이다. 이는 나의 모든 도구를 융합해 만든 사업이다. 사업학교는 제품 사진 촬영, 상세페이지 제작, 영상 제작, 브랜딩, 물류 대행, 사업 자문, 공간 임대 등 온라인 셀러에게 필요한 모든 서비스를 한 공간에서 해결하는 비즈니스 모델이다. 사업을 하면서 가장 어려운 점은 모든 것을 한 번에 해결하는 게 아니라 일일이 분배해 다른 전문가에게 외주를 줘야 한다는 점이다. 그만큼 챙겨야 할 것도 많고, 신경 써야 할 것도 많다. 나는 이 모든 것을 한자리에서 해결해 쓸데없는 비용을 들이지 않고 안정적으로 사업을 시작할 수 있는 환경을 조성하고 싶었다.

자신의 능력에 맞게 이런 식으로 비즈니스 모델을 확장한다면 상위 1%의 능력자가 아니더라도 누구나 충분히 성장할 수 있다. 이 책을 읽고 있는 독자들도 온라인 쇼핑몰 사업을 시작했다고 해서 온라인 쇼핑몰 운영 하나에만 매몰되지 않기를 바란다. 한 영역에서 최고가 되긴 어려워도 여러 영역을 융합하면 유일한 존재가 될 수 있다.

사업가의 도구, 레버리지

서행차선이 아닌 추월차선에서 달리고 싶다면 지식의 지렛대, 돈의 지렛대, 노동의 지렛대를 적극적으로 활용해보자.

레버리지라는 단어를 알고 있을 것이다. 레버리지란 지렛대라는 뜻으로, 지렛대를 이용하면 실제 힘보다 몇 배나 무거운 물건을 쉽게 움직일 수 있다. 경제적 자유라는 불가능할 것 같은 목표를 이루기 위해선 레버리지라는 지렛대를 잘 활용해야 한다. 사람이 만물의 영장이라고 불리는 까닭은 무엇일까? 나는 도구의 영향이 크다고 생각한다. 그렇다면 자본주의 시대를 살아가고 있는 사업가에게 가장 필요한 도구, 즉 레버리지는 무엇일까? 부동산, 대출 등 사람마다 각자 생각이 다를 것이다.

레버리지를 어떻게
활용할 것인가?

내가 만난 초보 셀러들은 레버리지를 잘 활용하지 못하는 경우가 많았다. 그 이유는 아마도 아직까지 직장인의 마인드를 버리지 못해서가 아닐까? 직장에 다닌다는 것은 이미 모든 도구들이 세팅된 곳에서 자신 역시 하나의 도구가 되어 일하는 행위에 가깝다. 그렇기 때문에 톱니바퀴처럼 주어진 일만 성실하게 잘 수행하면 아무런 문제가 없다. 회사 운영과 사업에 필요한 큰 그림은 경영진에 의해 결정되기 때문이다. 그러나 사업가가 되면 모든 것을 내가 결정해야 한다. 어떤 도구를 활용할 것인지, 어떻게 활용할 것인지, 얼마만큼 활용할 것인지 전부 내 손 안에 달린 것이다. 내가 활용한 레버리지는 다음과 같다.

지식의 지렛대: 이직&컨설팅

앞서 추월차선에 올라타기 위해서는 사업과 관련된 직장으로 이직할 필요가 있다고 이야기한 바 있다. 바로 지식의 지렛대 때문이다. 온라인 쇼핑몰을 처음 시작하면 모르는 것이 많다. 특히 나이가 어느 정도 있거나, 사업 경험이 없는 사람은 임계점을 넘어야 하는 구간이 한두 가지가 아니다. 남들이 모르는 정보를 알고 있으면 돈이 되는 세상이다. 심지어 특별한 지식이 아님에도 '업계 비밀'이란 이름으로 꽁꽁 숨겨진 정보도 있다. 비즈니스 영역에서는 무지가 돈을 잃을 확률로 연결되기 때문에 예민한 주의가 필요하다.

나도 처음에는 온라인 쇼핑몰 사업에 대해 아는 게 거의 없었다. '스마트스토어'라는 단어조차 몰랐을 정도다. 그럼에도 불구하고 지금까지 회사를 유지할 수 있었던 이유는 지식의 지렛대를 최대한 활용했기 때문이다. 내가 활용한 레버리지는 관련 강의와 컨설팅, 멘토였다. 사업 초반에 무엇을 해야 할지 몰라서 벌어지는 실수를 최대한 줄이기 위해 이 세 가지를 적극적으로 활용했다.

지식의 지렛대는 지식을 축적하는 과정을 빠르게 뛰어넘을 수 있다는 장점이 있지만 초반에 비용이 많이 들어간다는 단점도 있다. 나 역시 지식의 지렛대를 활용하기 위해 쓴 돈만 수천만 원에 달한다. 그래서 사람마다 상황을 보고 종잣돈이 별로 없으면 온라인 쇼핑몰로 이직을 하라고 권하고 있다.

돈의 지렛대: 대출&정부지원금

대출과 정부지원금만 잘 활용해도 사업을 빠르게 키울 수 있다. 그런데 정부지원금에 대해 조언하면 다들 반가운 표정을 짓는데, 대출이 필요하다고 이야기하면 표정이 심각해지는 경우가 많다. 자본주의에서 누군가의 도구로만 살아왔지 그 도구를 직접 사용해본 적이 없기 때문이다. 목적 없는 무분별한 대출은 지양해야겠지만 그렇지 않다면 적극적으로 활용할 수 있을 만큼 돈을 활용해 사업을 키울 필요가 있다.

노동의 지렛대: 광고&직원 채용

나는 한 달에 대략 800만 원 정도의 광고비를 지출해 잠재고객 100만 명에게 제품을 노출시키고, 이 중 1만 3천 명가량에게 물건을 판매한다. 이외에도 다양한 잠재고객 데이터를 갖고 있으며 현재도 끊임없이 광고를 집행하며 테스트하고 있는 중이다. 과거에는 나처럼 개인이 무언가를 광고하기 위해선 비싼 돈을 들여 신문 지문을 이용하거나, 전단지를 붙이는 등 제한된 방법을 활용해야 했다. 하지만 현재는 누구나 제한 없이 온라인상에서 광고를 집행할 수 있으며, 클릭 몇 번이면 매출을 일으킬 수 있다. 만약 이런 도구를 사용할 줄 몰랐다면 일하는 시간과 노동량은 더 늘어났을 것이다. 돈을 많이 벌고 적게 벌고를 떠나 조금 복잡하고 어렵게 느껴지더라도 네이버와 여러 온라인 쇼핑몰 플랫폼에서 광고를 직접 집행해보기 바란다.

직원 채용 역시 광고 집행과 마찬가지로 회사를 운영하는 데 아주 요긴한 레버리지다. 사업을 시작했다면 이제부터는 회사를 경영하는 경영자의 입장에서 모든 것을 판단해야 한다. 나 혼자 할 수 있는 일은 한정되어 있다. 믿을 수 있는 직원들을 채용해 함께 일한다면, 즉 노동의 지렛대를 잘 활용한다면 하루 24시간이 100시간이 되는 효과를 보게 될 것이다.

경제적 자유라는 커다란 목표를 달성하기 위해서는 여러 레버리지를 적절히 활용해야 한다. 레버리지를 잘 활용하기 위해서는 회사의 상황을 객관적으로 파악하는 훈련이 필요하다. 서행차선이 아닌 추월차선에서 달리고 싶다면 지식의 지렛대, 돈의 지렛대, 노동의 지렛대를 적극적으로 활용해보자.

나만의 브랜드를 만들어라

위탁판매로 경험을 충분히 쌓았다면 최종적으로는 나만의 브랜드를 만들어야 한다.

나만의 브랜드가 필요한 이유는 무엇일까? 혹자는 "매출만 잘 나오면 위탁판매만 해도 되는 거 아닌가요?"라고 묻곤 한다. 나는 그럴 때마다 몇 가지 이유를 들어 브랜드의 필요성을 강조한다. 내가 브랜드를 중요하게 생각하는 이유는 실제로 자체 브랜드로 많은 이득을 보았기 때문이다. 나는 특이하게도 사업을 처음 시작했을 때부터 자체 브랜드 제품을 만들었다. 만약 브랜드를 만들어 제품을 판매하는 일이 이렇게 손이 많이 가는 작업인 줄 알았다면 시작도 하지 않았을 것이다. 하지만 결과만 놓고 보면 정말 잘한 선택이었다. 물론 모든 온라인 셀러에게 처음부터 자신만의 브랜드를 만들어 판매를 하라고 권하진 않는다. 상황에 따라 처음에는 위탁판매로 경험을 쌓는 것을 추천하는 경우도 있다.

브랜드가
필요한 이유

위탁판매로 경험을 충분히 쌓았다면 최종적으로는 나만의 브랜드를 만들어야 한다. 브랜드가 없으면 다음의 다섯 가지 문제를 반드시 겪게 된다.

1. 피 튀기는 가격 경쟁

위탁판매의 경우 같은 제품을 경쟁자들과 함께 판매하다 보니 가격 경쟁이 필연적이다. 반면 자신의 브랜드 제품을 직접 판매하게 되면 스스로 단가 조정을 할 수 있어 좀 더 유연하게 전략을 짤 수 있다.

2. 마케팅의 한계

이건 프랜차이즈 음식점을 할 때 생기는 문제점과 같다. 자신이 장사를 하는 지역 사람들이 조금 간이 강한 음식을 좋아하더라도 프랜차이즈 음식은 레시피가 정해져 있어 큰 변화가 불가능하다. 위탁판매 역시 나의 브랜드가 아니기 때문에 고객 반응에 따라 상품을 수정하거나 업그레이드하는 것이 거의 불가능하다. 즉 정해진 조건에서만 판매를 해야 한다. 이 점은 고스란히 CS까지도 연결되는데, 근본적인 변화가 어렵다보니 CS에서도 그저 감정 소모만 하게 되는 경우가 많다.

3. 재고 품절&생산 중단 리스크

다른 사람의 브랜드 상품을 판매할 때 가장 큰 리스크는 재고 품절과 생산 중단이다. 내가 해당 브랜드의 주인이 아니기 때문에 재고 품절과 생산 중단 리스크에 고스란히 노출되게 된다. 그간 열심히 만들어놓은 리뷰와 각종 자료, 바이럴 마케팅이 모두 쓸모없어지게 되니 허탈감이 이만저만이 아니다.

4. 장기적인 투자의 어려움

상품을 판매할 때 단기간에 발생하는 이익도 중요하지만, 때때로 당장은 이익이 없더라도 장기적인 시야로 선투자하는 경우도 있다. 광고를 적극적으로 하거나, 대대적인 할인을 하거나, 고객에게 사은품을 많이 주는 등 방법은 다양하다. 그러나 위탁판매는 펼칠 수 있는 전략이 매우 협소해 장기적인 투자가 어렵다.

5. 낮은 마진률

나만의 브랜드 없이 위탁판매를 하게 되면 상품의 마진율이 너무 낮아 재투자가 어렵다. 매출을 돌려 광고비로 쓰거나, 할인 행사를 하기가 매우 힘들다. 재투자를 못 하면 사업의 성장 속도도 더딜 수밖에 없다. 그렇다고 마진율을 높이자니 다른 위탁판매자들에게 자리를 빼앗길 위험이 커진다. 결국 자체 브랜드를 만들지 못하면 여러모로 사면초가에 빠질 수 있다.

관건은
지속하는 힘

심리학자 피터 골피처는 학생들을 두 그룹으로 나눠 크리스마스 연휴 동안 무엇을 했는지 보고서를 제출하게 하는 실험을 진행한다. A그룹에는 그냥 과제를 제출하라고만 했고, B그룹에는 보고서를 언제, 어디서, 어떻게 제출할 것인지 계획하라고 했다. 크리스마스 연휴가 끝나고 A그룹은 33%만 보고서를 제출한 반면, B그룹은 무려 75%가 보고서를 제출했다. 두 그룹은 무작위로 정해졌는데 어떻게 B그룹이 2배 이상 높은 목표 달성률을 기록했을까?

피터 골피처의 실험은 계획과 실행력의 중요성을 우리에게 일깨운다. 그런데 사실 A그룹처럼 계획을 세우지 않거나, 계획이 아예 없는 경우라면 이제라도 계획을 세우면 그만이니 문제 해결이 어렵지 않다. 문제는 잘못된 방향으로 계획을 세울 때 발생한다. 잘못된 방향으로 무리한 계획을 세우면 '계획오류'의 함정에 빠질 수 있기 때문이다. 계획오류란 무리한 목표를 세웠다가 계획한 것을 거의 이루지 못하거나, 계획보다 더 많은 시간과 비용이 드는 것을 뜻하는 용어다.

계획오류는 행동경제학자 아모스 트버스키와 대니얼 카너먼이 지칭한 개념으로, 보통 '어떻게든 되겠지.' 하는 낙관적인 전망과 자신에 대한 과대평가 때문에 발생한다. 낙관적인 태도는 좋은 점도 있지만 너무 과하면 오히려 리스크를 야기할 수 있어 주의가 필요하다. 여러 변수를 고려하지 않고 비현실적으로 긍정적인 상태를 가정해 계획을 세우면 어떤 일이 벌어질까? 호주 정부의 오페라하우스 건설이 대표적인 계획오류의 사례다. 1957년 호주 정부는 1963년까지 오페라하우스를 완공하겠다는 계획을 세운다. 그러나 중간에 시공 계획을 축소했음에도 오페라하우스는 1973년이 되어서야 완공할 수 있었다. 최종 건설비도 처음에 계획했던 것보다 10배가 넘는 무려 10억 달러에 달했다.

계획오류는 개인에게도 빈번하게 나타난다. 자신의 사업이 잘될 것이라는 낙관적인 마음으로 긍정적인 상황만 고려해 계획을 세우면 '망상'에 가까운 실현 불가능한 계획만 세워지기 마련이다. 하지만 현실은 녹록치 않다. 우리는 늘 최악의 상황을 감안해 계획을 세우고 그에 맞는 대비책을 염두에 둬야 한다.

생각하는 시간과 행동하는 시간을 분리하기

계획오류에서 벗어나면 이제 만사형통인 걸까? 아니다. 아무리 계획이 완벽해도 실행하지 않으면 아무 일도 일어나지 않는다. 창업자들의 멘토 유튜버 심사임당은 실행력을 키우기 위해서는 생각하는 시간과 행동하는 시간을 구분해야 한다고 조언한다. 예를 들어 일요일에는 생각하는 시간을 갖고 한 주간의 계획을 구상한 뒤, 평일 동안 그 계획에 대해 아무런 생각을 하지 않고 그저 열심히 계획대로 실행하는 것이다. 이렇게 생각하는 시간과 행동하는 시간을 분리하면 '실행력'을 키울 수 있다고 한다. 나는 이 방법이 '지속하는 힘'을 키우는 데 아주 유용한 방법이라고 생각한다.

물론 인생이 항상 계획한 대로 흘러간다면 굳이 계획오류와 싸우고, 지속하는 힘을 키울 필요도 없을 것이다. 어떤 사업이든 리스크는 있기 마련이다. 100% 성공하는 사업은 없다. 사업을 시도하기 전에 어떤 리스크가 있고, 그 리스크를 줄이기 위해 어떤 노력을 기울여야 하는지 충분히 고민해야 하는 이유다. 그렇게 좋은 계획을 세웠다면 이후에는 갈팡질팡하지 말고, 뒤도 돌아보지 말고 무조건 실행하면 된다. 사람이 어떤 일을 지속하지 못하는 이유는 의지력보단 잘못된 계획과 환경 때문이라고 생각한다. 이 글을 읽는 당신은 부디 계획오류에 빠져 잘못된 상황을 설정하는 오류를 범하지 않길 바란다.

수익과 직결되는
7단계 실전 노하우

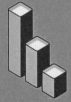

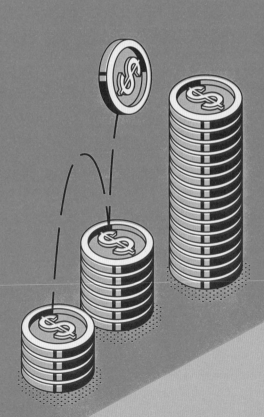

1단계:
상품 소싱

유통 단계 중 비교적 돈이 덜 드는 '역할'만 맡아 이윤을 남기는 게 온라인 셀러의 일이다.

상품을 소싱하기 전에 팔고자 하는 제품을 어디에서, 얼마에, 얼마나 내놓을지 시장 조사를 해야 한다. 아무리 유망한 제품을 소싱하더라도 마진이 남지 않으면 좋은 아이템이라 할 수 없다. 기본적으로 제품이 갖고 있는 시장가격이 있으며, 제품을 판매하는 플랫폼의 특성과 경쟁사 유무에 따라 가격이 달라질 수 있다. 사실 1인 기업이 판매할 수 있는 제품은 어느 정도 정해져 있다. 한정된 아이템을 바탕으로 다음의 세 가지 요소에 따라 사업을 시작할 수 있을지, 없을지가 결정된다.

1. 팔려고 하는 제품이 무엇인가?

2. 어디에서 판매할 것인가?

3. 경쟁사 현황은 어떻게 되는가?

제품은 어느 정도
정해져 있다

예를 들어 당상 소싱 가능한 제품이 손톱깎이와 의자라고 가정해보자. 당연히 유지비 측면에서 의자가 손톱깎이보다 운반, 보관, 배송에 드는 비용이 많기 때문에 여러모로 불리하다. 창업 초기라면 의자보다는 손톱깎이를 소싱하는 것이 낫다. 또 같은 상품이더라도 프리마켓에서 판매하느냐, 백화점에서 판매하느냐에 따라 가격이 달라지듯이 블로그, 스마트스토어, 오픈마켓, 쿠팡 등 쇼핑 플랫폼에 따라 가격이 조금씩 달라진다. 쇼핑 플랫폼 입점은 집 앞에서 좌판을 펼쳐 판매하는 것이 아니라 백화점에 입점하는 것과 같다. 즉 다양한 수수료가 붙게 된다.

같은 장소에서 비슷한 아이템을 판매하는 경우가 많기 때문에 경쟁사 여부도 눈여겨봐야 한다. 좀 더 우위에 서려면 가격, 상품 구성, 상세페이지 퀄리티, 광고 등을 신경 쓰는 수밖에 없다. 그러나 우위에 서기 위해 다양한 전략을 활용함으로써 유지비가 높아지고 제품 가격이 올라가면 말짱 도루묵이 될 수 있다. 이런 부분을 모두

마진율을 결정하는 요인

구분	요인	특징	주의
공통 영역	1. 재료비 2. 임대료 3. 전기세 4. 인건비 5. 시장가격 6. 세금	· 물건의 특성에 따라 마진 경쟁력이 달라짐	· 제품 선정 · 이슈 키워드와 확장성을 면밀히 확인해야 한다. · 제품의 특성(깨지기 쉽거나, 포장 난이도가 어렵거나 등)을 면밀히 확인한다.
개별 영역	1. 배송비 2. 패키지 3. 수수료 4. 사은품 5. 광고비	· 쇼핑 플랫폼과 경쟁사에 따라 마진 경쟁력이 달라짐	· 경쟁사 파악 · 플랫폼별 특징(수수료, 광고 단가, 상위 업체, 제품 구성, 제조업체 등)을 면밀히 확인한다.

고려해도 마진율이 나온다면 경쟁력이 충분하다는 뜻이다.

마진율을 결정하는 요인은 공통 영역과 개별 영역으로 나뉜다. 공통 영역은 재료비, 임대료, 전기세, 인건비, 시장가격, 세금 총 여섯 가지로 구분된다. 공통 영역은 제품의 특성에 따라 달라지는 고정비에 해당한다. 그래서 초반에 사입으로 온라인 쇼핑몰 사업을 시작할 경우에는 제품의 크기가 작고, 확장성이 높고, 유통기한이 없는 상품을 추천한다. 처음 시작할 때는 아이템만 잘 선정해도 절반은 성공이라 말할 수 있다. 내가 티백으로 사업을 시작한 이유도 크기, 배송, 보관 등 모든 부분에서 마진율을 높이기 적절했기 때문이다.

참고로 '대박 아이템'이라는 것은 없다. 대박 아이템을 찾으라는 이야기가 아니라 소상공인으로서 사업을 시작하기에 수월한 아이템을 찾으라는 이야기다. 어떤 아이템이든 단점은 존재하며, 이런 부분을 보완하기 위해 많은 노력을 해야 한다.

　그다음 개별 영역은 배송비, 패키지, 수수료, 사은품, 광고비 총 다섯 가지로 구분된다. 개별 영역은 경쟁사 여부와 플랫폼의 특성에 따라 달라진다. 상위 업체 경쟁사의 판매 전략에 따라서 우리의 목표도 달라질 수 있다. 판매하려는 제품의 카테고리를 검색해보면 상위 업체의 아이템을 쉽게 찾아볼 수 있는데, 적어도 8곳 이상 찾아본 다음 가격 경쟁력으로 승산이 없다고 생각되면 제품을 변경하거나 다른 전략을 펼쳐야 한다. 브랜딩 전략을 펼치거나, 특정 타깃을 위한 제품을 만드는 식으로 경쟁자에 따라 제품 가격과 마케팅 전략은 달라질 수 있다. 비슷한 제품을 판매하는 경쟁자가 많다면 배송비 무료, 쿠폰 발행, 사은품 증정 등 우회 전략으로 승부를 봐야 한다. 그러나 이런 방식은 마진율에 악영향을 미칠 수 있어 주의가 필요하다.

　여러 기준을 바탕으로 아이템을 선정했다면 이제 '제품 소싱'으로 넘어갈 차례다. 보통 업계에서는 '물건을 소싱한다.'라고 표현하는데 '물건을 구매한다.'와 같은 문장이라 생각하면 이해가 쉽다. 우리는 상품을 팔기 위해 물건을 구매해야 한다. 왜 굳이 구매를 해야 하는 걸까? 당연한 이야기지만 작은 회사인 우리가 '제조'를 할 수는 없기 때문이다. 제조부터 판매까지 모든 과정에 개입할 수 없기 때문에 유통 단계 중 비교적 돈이 덜 드는 '역할'만 맡아 이윤을 남기는 게 온라인 셀러의 일이다. 그런데 많은 사람이 소싱이라는 이

첫 번째 고비를 넘기지 못하고 포기한다. 소싱에 대한 이해가 부족하기 때문이다.

잘 파는 스토어를
벤치마킹하라

'소싱'이라는 과정을 오프라인 사업으로 예를 들어보겠다. 내가 고깃집을 차리려고 하면 어떻게 해야 할까? 일단 맛있는 고기를 납품받을 곳을 찾아야 한다. 맛있는 고기는 어디서 찾을 수 있을까?

1. 맛있는 고깃집을 찾아 사장님에게 물어본다.
2. 맛있는 고깃집을 찾아 몰래 쓰레기통을 뒤져본다.
3. 맛있는 고깃집을 찾아 납품하는 차를 유심히 보고 몰래 기사님 번호를 받는다.
4. 맛있는 고깃집을 찾아 납품하는 차를 따라가본다.
5. 맛있는 고깃집을 찾아 아르바이트생으로 잠입한다.
6. 맛있는 고깃집을 찾아 단골손님이 되어 은근슬쩍 물어본다.
7. 맛있는 고깃집을 찾아 사장님에게 전수 창업을 요청한다.

'저렇게까지 해야 되나?' 또는 '저런 방법도 있구나!' 하는 생각이 들었을 것이다. 범법 행위가 아닌 이상 할 수 있는 모든 방법을 동원해야 한다. 예시로 든 방법에는 한 가지 공통점이 있다. 바로 '맛있는 고깃집'이라는 수식어가 반복된다는 것이다. 이처럼 일단 소싱을 하려면 맛있는 고깃집, 즉 물건을 잘 파는 스토어를 찾아 벤치마킹해야 한다.

1. 잘 파는 스토어를 찾아 사장님에게 물어본다.
2. 잘 파는 스토어를 찾아 상세페이지에 있는 정보를 확인한다.
3. 잘 파는 스토어를 찾아 물건이 들어오는 수입처에 전화한다.
4. 잘 파는 스토어를 찾아 그 회사에 아르바이트생으로 잠입한다.
5. 잘 파는 스토어를 찾아 그 브랜드의 단골이 되어 리뷰를 자주 달고, 전화를 해서 고객인 척 상품에 대해 문의한다.
6. 잘 파는 스토어를 찾아 사장님의 지인이 되려 노력한다.
7. 잘 파는 스토어를 찾아 사장님에게 컨설팅을 받는다.
8. 잘 파는 스토어를 찾아 그 사이트와 똑같이 물건을 소싱하고, 똑같이 광고를 달고, 비슷하게 상세페이지와 배너를 만든다.

만약 무엇을 소싱할지 아직 결정하지 못 했다면 벤치마킹부터 해야 한다. '잘 파는 스토어'를 찾는 건 어려운 일이 아니다. 물론 자본력을 앞세워 너무 저렴하게 판매해서 잘 파는 스토어는 따라 하기 어렵다. 우리는 물건을 대량으로 싸게 구매할 수 없기 때문이다. 그러니 가격이 그렇게 저렴하지도, 큰 브랜드도 아닌 것 같은데 잘 파는 스토어를 찾아야 한다.

좋은 도매처는
어떻게 찾아야 할까?

롤모델을 찾았다면 이제 무슨 수를 써서라도 롤모델이 물건을 받아오는 도매처를 찾아야 한다. 사실 도매처를 찾는 것은 그렇게 어렵지 않다. 우리가 벤치마킹하는 물건에 어디에서 제조되었고, 수입되었는지 등이 다 적혀 있기 때문이다. 여기서 중요한 것은 해당 업체에 전화를 걸어 롤모델로 삼은 업체와 최대한 비슷한 조건으로 거래를 트는 것이다. 사실 롤모델과 같은 조건으로 물건을 받을 확률은 거의 0%에 가깝다. 도매처 입장에서는 언제 사라질지 모를 1인 기업보다는 이왕이면 규모가 큰 소매처와 거래를 하고 싶어 하기 때문이다.

작은 업체로 이 바닥에서 살아남기 위해서는 도매처가 나에게 좋은 조건으로 물건을 줄 수 있는 이유가 필요하다. 사실 이유야 100개도 넘게 나열할 수 있는데 책에서는 일단 10개만 이야기해보겠다.

1. 자본력이 충분하다.
2. 오프라인으로 만났더니 믿을 수 있는 좋은 사람이다.
3. 오프라인으로 만났더니 성장 가능성이 있어 보인다.
4. 물건을 믿고 맡길 만큼 상세페이지 퀄리티가 좋다.
5. 물건을 믿고 맡길 만큼 카피가 좋다.

6. 도매처의 문제점을 해결할 수 있는 조언을 아끼지 않는다.

7. 미팅에서 설득당할 수밖에 없을 만큼 많은 준비를 해왔다.

8. 기분 좋은 식사자리, 술자리를 만들었다.

9. 도매처의 관심사를 파악하고 그 부분의 전문가가 되어 흥미를 끈다.

10. 상품을 소싱했을 때 어떤 식으로 브랜딩할 것인지 준비가 되어 있고 그것을 어필한다.

이러한 방법 외에도 조금만 머리를 쓰면 얼마든지 좋은 조건으로 물건을 받을 수 있다. 요점은 결국 '관계'에 달려 있다는 것이다. 관계를 잘 쌓고 도매처에게 무엇을 줄 수 있을지 고민한 다음 좋은 거래를 제안해야 한다. 미팅은 누구나 할 수 있다. 그러나 관계를 좋은 쪽으로 발전시키는 것은 결국 공들이기 나름이다. 잇따른 미팅에도 거래를 트지 못했다면 어쩌면 도매처를 너무 우습게 본 것일 수 있다.

2단계:
패키지 기획

그저 돈을 벌기 위한 수단으로써 물건을 파는 사업자의 고객이 되고 싶은 사람은 별로 없을 것이다.

상품 소싱을 했다면 이제 패키지를 기획할 차례다. 패키지 기획을 하기 전에 잠재고객, 즉 타깃으로 삼을 고객군을 명확하게 정리할 필요가 있다. 염두에 두고 있는 잠재고객이 선호할 만한 디자인과 카피를 내세우면 구매전환율을 효과적으로 높일 수 있기 때문이다. 처음 티백 상품의 패키지를 기획했을 때 나는 '30대 기혼 여성'을 잠재고객으로 선정했다. 20대보다는 30대 기혼 여성이 다도에더 관심을 둘 것 같았고, 40~50대보다는 30대가 가성비보다 아름다운 디자인을 중요하게 생각할 것 같았다.

이렇게 잠재고객을 겨냥한 패키지를 만들었다면 리뷰를 꾸준히 모니터링해 의도가 적중했는지 확인하면 된다. 내가 판매한 티백 제품에는 다음과 같은 리뷰가 많이 달렸다.

1. 선물용으로 구매했는데 아주 만족스럽다.
2. 남편인 제가 사용하려고 구매했는데 와이프가 마음에 든다며 회사로 가져갔다.
3. 여자친구가 요즘 부쩍 우울해서 깜짝 선물을 했는데 반응이 좋았다.
4. 그냥 쓰려고 산 제품인데 너무 예뻐서 마치 선물을 받은 기분이 들었다.
5. 디자인이 너무 취향 저격이다.

왜 이런 후기들이 작성되었을까? 단순히 제품을 판매한 것이 아니라 '선물'을 팔았기 때문이다. 경쟁사의 기존 제품은 기능성에만 초점이 맞춰져 있었다. 차를 찾는 사람들이 오로지 건강만 생각한다고 여겼기 때문에 '건강에 좋은 티백'만을 강조하고 있었다. 하지만 나는 좀 더 타깃을 세부적으로 나눴고, 경쟁력을 높이기 위해 기능성과 더불어 심미성에도 중점을 두었다. 여기서 포인트는 '그냥 예쁜' 디자인보다는 잠재고객의 니즈를 자극할 수 있는 스토리에 집중하는 것이다. 즉 패키지 기획의 첫 번째 단계가 세부 타깃 설정이라면, 두 번째 단계는 스토리를 만드는 일이다.

나만의 스토리를
만드는 방법

브랜드와 제품을 스토리텔링하면 고객이 자연스럽게 상품, 회사, 대표를 이해할 수 있게 된다. 누군가의 이야기를 오래 듣다 보면 내적 친밀감과 호감이 커지기 마련이다. 따라서 만일 우리 브랜드의 이야기를 불특정 다수의 고객에게 전달한다면 단골이 늘어날 확률도 높아질 것이다. 브랜드 스토리를 만드는 방법은 다양하지만 나는 다음의 네 가지를 활용했다.

1. 옛날에
2. 매일
3. 어느 날
4. 그래서

이 네 가지를 활용해 스토리텔링을 해보자. 나는 다음과 같이 우리 브랜드에 스토리를 입혀 고객에게 진정성 있게 접근했다.

저는 옛날에 라이프코치 일을 했습니다. 매일 경력이 단절되고 우울감에 빠져 있는 30대 여성분들을 상담하고 위로해드렸죠. 그러던 어느 날 많은 분들이 자기만의 시간, 스스로를 돌보는 시간이 부족해 우울하다는 사실을 깨닫게 되었습니다. 그래서 여러분이 그런 시

간을 가질 수 있는 방법이 뭘까 고민했습니다. 그리고 마침내 '이것'
을 만들었습니다. 여러분은 귀한 분들입니다. 이 제품은 그런 당신
을 위한 위로의 선물입니다.

이렇게 스토리를 동영상, 사진, 글, 패키지로 표현하자 티백 제
품은 불티나게 팔리기 시작했다. 사실 정말 획기적인 물건이 아니
라면 어떤 물건을 팔든 레드오션에서 경쟁해야만 한다. 나는 스토
리텔링을 통해 그 안에서 차별점을 만든 것이다.

얼마 전에 나에게 온라인 셀러 코칭을 받던 분께서 이런 질문
을 했다. "제가 경매 시장에서 좋은 과일을 좋은 가격에 사서 판매
를 하려고 하는데요. 포장 박스가 계속 바뀌어서 고민입니다. 이걸
어떻게 해야 될지 모르겠습니다." 그 이야기를 듣는 순간 아주 좋은
기회라는 생각이 들어 이렇게 말했다. "그것을 브랜드 스토리로 풀
어서 써보세요. 과일 포장지가 계속 바뀐다는 게, 바로 고객들에게
더 좋은 과일을 주기 위한 대표님의 노력이 드러나는 증거잖아요."
그 자리에서 나는 다음과 같은 스토리를 제시했다.

옛날부터 저희 집은 과일 농사를 쭉 지었습니다. 그런데 저는 의문
스러웠습니다. 밭에서는 이렇게 싸게 판매되는데 마트에 가면 왜 이
렇게 비싸지는 걸까? 그래서 아버지를 따라 매일 경매 시장에 나가
게 되었습니다. 가보니 전국에 맛있는 과일들은 모두 모여 있더라고
요. 그런데 각지에서 모인 과일들을 포장하는 데 2천 원 이상의 추가

비용이 들고, 이 부담이 고스란히 고객에게 전가된다는 사실을 알게 되었습니다. 그래서 저는 포장지를 바꾸지 않고 매입한 그대로 고객에게 보내드려야겠다는 아이디어를 떠올렸습니다. 이런 이유로 저희 가게에 있는 과일들은 저희의 브랜드 로고가 어디에도 박혀 있지 않습니다. 이것은 여러분이 좀 더 저렴하게 과일을 드시게 하고 싶은 저의 마음이고 노력입니다.

이 글을 읽는 여러분은 어떤 생각이 드는가? 그저 돈을 벌기 위한 수단으로써 물건을 파는 사업자의 고객이 되고 싶은 사람은 별로 없을 것이다. 똑같은 제품이 있다면 좀 더 의미 있고 저렴한 제품을 구매하길 원한다. 이 글을 읽는 당신도 왜 사업을 시작하려하고 하는지, 어떤 가치를 고객에게 전달하고 싶은지 진지하게 고민해보기 바란다.

패키지 제작업체 선정 및 과정

스토리를 구성했다면 이제 본격적으로 패키지 제작에 나서야 한다. 패키지 제작 과정은 아래와 같다. 정답이 있는 영역은 아니며 나의 경험을 토대로 정리한 것이다.

업체 선정 → 업체 미팅 → 제작 기간 결정 → 결제 방법 결정 → 가격 선정 → 재질 선정 → 포장 방식 결정

1. 업체 선정

패키지 업체를 선정할 때 몇 가지 기준이 있는데 가장 중요한 건 MOQ(Minimum Order Quantity), 즉 최소주문수량이다. 가장 적은 양을 제작할 수 있는 업체를 알아봐야 한다. 조금 비싸더라도 적은 양을 제작하는 것이 좋다. 제작비 10%를 아끼기 위해 2배 많은 양을 제작한다면 돈의 흐름이 막힐 수 있기 때문이다.

2. 업체 미팅

개인적으로 이 부분을 굉장히 중요하게 생각한다. 업체를 선정할 때는 업체의 컨설턴트 또는 디자이너와 미팅을 가질 수 있는지 확인하고 불가능하면 바로 걸렀다. 인쇄물 제작은 생각보다 변수가 많다. 어떤 재질의 종이를 쓸 것인지, 종이의 두께와 후가공(금박은 어떤 색으로 할 것인지 등)은 어떻게 할 것인지 등 제작 방식의 모든 것을 우리가 판단할 수는 없다. 그러니 업체와 미팅이 되는지 꼭 확인하고 전문가의 조언대로 제작하기 바란다.

3. 제작 기간 결정

상품 패키지를 제작할 때 무엇보다 중요한 것은 제작 기간이다. 기성품을 그대로 파는 것이 아니라 패키지를 제작하는 것이기 때문

에 제작 기간은 최대한 줄여야 한다. 자본주의에서 돈은 곧 일꾼이다. 이 일꾼이 어딘가 묶여 있다는 건 그만큼 돈이 낭비되고 있다는 뜻이다. 제작 기간이 길어진다는 건 제작비용이 오랫동안 묶이게 된다는 뜻이므로 주의가 필요하다.

4. 결제 방법 결정

결제 방법이 중요한 이유는 제작 기간이 중요한 이유와 동일하다. 돈이 곧 일꾼이기 때문이다. 가능하면 꼭 카드 결제가 가능한 업체와 거래하는 것이 좋다. 사업을 하다 보면 정말 많은 것을 구매하게 되는데, 간혹 꼭 현금으로만 구매 가능한 물건이 있다. 그래도 최대한 카드로 구매하는 것이 좋다. 신용등급이 낮지 않다면 대부분의 카드사에서 무이자 할부 혜택을 제공하기 때문에, 6개월 무이자로 결제하면 6개월간 일꾼을 고용해 일을 시키는 것과 같다. 만일 현금이 부족하다면 현금가보다 조금 비싸더라도 카드 결제가 가능한 업체에서 제작을 진행하는 것을 추천한다.

5. 가격 선정

이 부분은 개인적으로 정말 뼈아픈 경험이 있다. 사업 초기에 '가격 선정'에 대한 개념이 없어서 1천만 원 이상의 비용을 그냥 날려버렸기 때문이다. 처음 사업을 시작할 때 최소주문수량 2천 개를 맞춰 상품을 제작했는데, 당시 패키지 하나당 단가는 550원 정도였다. 그렇게 6개월 이상 판매를 하다가 이번에는 수량을 올려 다시 주문했는데 이상하게 2천 개를 주문할 때와 비용이 크게 차이가 나지 않았다. 그래서 담당자에게 물어보니 수량 단가를 물어보지 않으면 먼저 안내를 해주지 않는다는 답변이 왔다. 왜 그런가 하니 수량에 따라 단가가 낮아질 수 있다고 안내하면 더 많이 제작하도록 유도하는 것 아니냐고 따지는 경우가 생겨 따로 안내하지 않는다는 것이다. 이럴 수가. 2천 개 제작 시 개당 550원이던 상품이 1만 개를 제작하니 290원까지 떨어졌다. 무려 260원씩 차이가 난 것이다. 계산해보니 6개월 동안 약 1천만 원가량을 손해 본 셈이었다. 그러니 패키지를 제작할 때는 꼭 단가를 계산하고, 회전율과 수익률을 면밀히 따져보기 바란다.

6. 재질 선정

처음 브랜드를 런칭할 때는 패키지를 만드는 게 이렇게 어려운 일인지 몰랐다. 일단 종이 종류부터 수십 가지가 훌쩍 넘었고, 종이의 두께, 후가공이 다양했으며, 패키지 제작 방식도 한두 가지가 아니었다. 금박도 똑같은 금박이 아니고 30개가 넘는 금박이 있었다. 내가 원하는 금박이 어떤 금박인지 정확히 인지하기 위해선 미팅을 통해 확인해야 한다. 예를 들어 나의 상품은 'CCP 종이, 305g, 후면 사용, 2도 인쇄, 금박 28번'이다. 무슨 말이고 어떤 상자인지 가늠이 되는가? 용어만으로는 알 수가 없다. 원하는 디자인을 정확히 구현하기 위해서라도 담당자와의 미팅을 통해 제작 사항을 꼼꼼하게 확인하기 바란다.

7. 포장 방식 결정

온라인은 직접 상품을 보고 구매하는 것이 아니기 때문에 포장이 중요하지 않다고 생각하면 큰 오산이다. 포장 방식만으로도 브랜드의 이미지가 결정될 수 있기 때문이다. 깔끔한 포장은 판매자의 정성을 가늠하거나 신뢰도를 평가할 수 있는 지표이기도 하다. 그래서 물건을 배송할 때 제품 하나만 딸랑 보내는 것이 아니라 에어캡, 친환경 완충제 등으로 꼼꼼히 포장해서 보내야 한다. 포장을 푸는 고객의 첫 경험을 만족시켜야 한다.

3단계:
상세페이지 기획

가장 중요한 깨달음은 '잘 쓴 글'이 아니라 '잘 보이고 잘 설명된 글'이 좋은 카피라는 것이다.

온라인 사업과 오프라인 사업의 가장 큰 차이점은 온라인 사업의 경우 제품을 직접 눈으로 확인할 수 없다는 점이다. 그래서 사진, 글, 영상 등으로 고객에게 제품에 대해 정확하게 표현하고 홍보해야 한다. 그중 큰 비중을 차지하고 있는 것이 바로 사진이다. 사진에 따라 매출이 크게 차이 날 수 있는데, 사업 초반에는 이 부분을 잘 모르고 대충 사진을 찍는 경우가 많다. 대충 찍은 사진을 쓰면 상세페이지를 아무리 꼼꼼히 만들어도 나중에 후회하게 된다. 그래서 경쟁사를 조사해 경쟁사가 어떻게 사진을 사용하는지 유심히 살펴볼 필요가 있다. 사진의 종류는 크게 자연광 사진과 스튜디

자연광 사진(왼쪽)과 스튜디오 사진(오른쪽). 스튜디오 사진이 좀 더 선명하고 생동감 있다.

오 사진으로 분류된다. 이해를 돕기 위해 자연광 사진과 스튜디오 사진의 예시를 살펴보자.

스튜디오 사진을 살펴보면 좀 더 선명하고 생동감 있는 반면, 자연광 사진은 사실적이고 자연스럽게 느껴진다. 제품 카테고리별로 자연광 사진이 더 효과가 좋을 수 있고, 스튜디오 사진이 더 효과가 좋을 수 있다. 일단 대표 본인이 사진에 대해 어느 정도 지식이 있어야 외부 업체에 외뢰하더라도 피드백이 가능할 것이다.

사진 촬영법 및
장비 선택

만일 비용을 아끼기 위해 외주를 맡기지 않고 직접 촬영한다면 어떤 준비가 필요할까? 사진 촬영을 하는 방법은 크게 휴대폰 촬영, 장비를 구입해서 촬영, 스튜디오에서 장비 렌탈 후 촬영 세 가지로 나뉜다.

1. 휴대폰으로 촬영

휴대폰으로 촬영할 때는 미니 스튜디오, 배경지, 삼각대, 사진 애플리케이션, 포토샵이 필요하다. 미니 스튜디오는 따로 사진을 촬영할 장소가 없고 비싼 조명을 구하기 어려운 경우 이용하기 좋은 작은 조명 박스다. 가격은 1만 원대부터 5만 원대까지 다양하다. 배경지는 보통 1만 원대로, 비스듬히 촬영을 하면 배경지 밖이 보일 수 있기 때문에 되도록 큰 사이즈를 구매하는 것이 좋다.

휴대폰으로 제품을 촬영하는 경우 많은 분이 삼각대를 사용하지 않는데 삼각대는 필수다. 세팅한 최적의 구도에서 상품 위치를 바꾸거나 소품을 추가할 때 삼각대가 없으면 구도가 계속 달라질 수 있기 때문이다. 사진 애플리케이션은 일반 카메라처럼 디테일한 부분까지 조정이 가능해 잘 활용하면 휴대폰으로도 양질의 사진을 촬영할 수 있다. 끝으로 포토샵은 단기간에 배우기 어렵지만 사실 필수라고 봐도 무방하다. 상업 사진 중 포토샵으로 수정하지 않은 사진은 거의 없다. 사진을 잘 찍지 못하더라도 포토샵으로 수정하면 꽤 괜찮은 사진들을 건질 수 있으니 꼭 배우기 바란다.

2. 장비를 구입해서 촬영

스튜디오 장비를 직접 구입해서 촬영할 경우 조명, 동조기, 배경지, 소품, 카메라, 렌즈, 삼각대를 구비하면 된다. 조명의 경우 지속광 조명과 스트로보 조명으로 나뉜다. 지속광은 천장에 달린 조명을 의미하고, 스트로보는 촬영 시 순간적으로 반짝 빛나는 조명을 의미한다. 지속광은 대부분 영상을 촬영할 때 사용되고, 스트로보는 사진을 찍는 데 활용된다. 보통 조명은 3개가 좋지만 처음 시작은 2개로 사용해도 무방하다. 개인적으로 조명은 가성비가 좋은 '포멕스 E400'을 추천한다. 추가로 동조기도 중요한데, 동조기가 있어야 촬영과 동시에 조명이 터지게 할 수 있다. 동조기는 '포멕스 POTON RX-1'을 추천한다. 촬영 콘셉트에 따라 추가로 소품도 구매해야 한다. 참고로 콘셉트가 명확하지 않으면 이것저것 장비를 구매만 해놓고 결국 창고에 박아두게 될 수 있다. 소품은 되도록 '창의성'과는 거리가 먼 제품이 좋다. 사진 초보가 창의적인 소품을 사면 이상한 결과물이 나올 수 있다.

카메라는 개인적으로 캐논 카메라를 추천한다. 다양한 이유가 있는데 일단 가볍고 대중적인 브랜드라 중고 시장이 잘 형성되어 있다는 게 장점이다. 카메라는 그렇게까지 좋을 필요는 없다. 처음 시작하는 분이라면 '캐논 EOS 100D'처럼 저렴한 제품을 쓰면 된다. 동조기를 활용하기 위해서라도 카메라는 DSLR을 써야 한다. 렌즈는 사진의 배경을 뿌옇게 날리는 등 다양한 용도로 활용된다. 배경을 뿌옇게 날리기 위해선 조리개값이 낮거나, 사진을 찍으려는 사물과 배경의 거리가 굉장히 멀면 가능하다. 아웃포커싱 사진을 찍기 위해서는 조리개 숫자가 낮은 렌즈를 구입해야 하는데 '시그마 17-70mm F2.8-4 DC Macro OS HSM 렌즈'를 추천한다. 렌즈를 잘 활용하기 위해선 광각과 망원에 대해 이해해야 한다. 우리는 보통 협소한 공간에서 사진을 촬영하기 때문에 광각으로 사진을 찍으면 원하는 사진이 나오지 않을 수 있다. 그래서 어느 정도 망원이 되는 렌즈를 갖고 있어야 한다.

끝으로 삼각대는 300만 원이 넘는 삼각대부터 5천 원짜리 삼각대까지 가격대가 다양하다. 그중에 추천하는 삼각대는 '호루스벤누 삼각대'다. 저렴하지만 기본적인 기능이 모두 탑재되어 있고, 무엇보다 항공샷이 되는 삼각대라 유용하다. 상세페이지를 제작할 때 수직으로 똑바로 찍는 항공샷이 필요한 경우가 많아 활용도가 높다.

3. 스튜디오에서 장비 렌탈 후 촬영

스튜디오에서 장비를 렌탈하는 건 사진 초보에게는 추천하지 않는 방법이다. 몇 가지 이유 때문인데 사진에 대한 지식 없이 렌탈을 하면 한참 헤매다가 원하는 사진을 못 찍고 끝나는 경우가 허다하기 때문이다. 또 장비를 사용하다 장비가 손상되기도 하고, 빨리 찍을 능력이 없으면 오히려 외주가 더 저렴할 수 있다. 만약 어느 정도 사진에 대한 지식이 있다면 렌탈 스튜디오를 사용하는 것을 추천한다. 대부분의 렌탈 스튜디오는 조명, 소품, 장소는 렌탈이 되지만 카메라는 불가능한 경우가 많다. 되도록 렌즈 포함 20만 원 정도 하는 카메라를 구입해서 렌탈 스튜디오만 이용하는 것을 추천한다. 괜히 비싼 카메라를 렌탈했다가 파손되면 수백만 원을 물어줘야 할 수 있으니 카메라는 되도록 직접 구매해서 쓰기 바란다.

핵심은
카피라이팅

처음 상세페이지를 제작할 때는 카피라이팅까지 다 디자이너에게 맡겼다. 오로지 사진과 색깔, 예쁜 이미지에만 집중했고 디자이너 또한 나의 의도에 맞게 예쁜 결과물을 내놓았다. 그 결과 겉은 화려했지만 카피의 완성도는 굉장히 낮았다. 고심 끝에 수백만 원의 비용을 지불하고 상세페이지 전문 브랜딩팀에게 다시 제작을 맡겼다. 카피라이터, 기획자, 사진 작가, 모델, 렌탈 스튜디오까지 한 번에 외주를 맡겨 진행했다.

그동안 다양한 상세페이지를 제작하면서 몇 가지 깨달은 것이 있다. 가장 중요한 깨달음은 '잘 쓴 글'이 아니라 '잘 보이고 잘 설명된 글'이 좋은 카피라는 것이다. 여러 시행착오를 겪으며 깨달은 상세페이지 글쓰기 노하우는 다음과 같다.

1. 자세히 쓰는 것과 길게 쓰는 건 엄연히 다르다.

주절주절 길게 작성하면 좋은 상세페이지 같다. 하지만 자칫 고객의 시간만 낭비할 수 있다. 초등학생 또는 성격이 급한 사람이 봐도 쉽게 이해하고 넘어갈 수 있을 정도의 길이가 적당하다.

2. 중요한 부분은 강조해야 한다.

상세페이지 글을 작성하다 보면 크게 중요한 내용이 아닌 부분을 강조하고, 정말 중요한 부분을 본문처럼 작게 쓰는 경우가 많다. 강조하고 싶은 내용을 분명하게 드러내야 한다.

3. 폰트 사이즈가 작으면 예쁘지만 잘 판매되지 않을 수 있다.

핸드폰으로 시력이 낮은 사람이 봐도 보일 수 있을 만큼 폰트 사이즈는 커져야 한다. 디자이너들은 흔히 균형이 잘 잡힌 상세페이지를 제작하려고 하지만 균형보다 중요한 것은 가독성이다.

4. 색상은 되도록 원색을 사용한다.

파스텔톤의 색상이 예쁘긴 하지만 상세페이지의 색은 되도록 원색을 쓰는 것이 좋다. 원색이 눈에 훨씬 잘 들어오기 때문이다.

5. 너무 많은 색을 쓰지 않는다.

3개 이상 색을 쓰지 않는 게 좋다. 하지만 색은 정답이 있는 영역이 아니다. 경쟁사들 대부분이 단색만 사용하고 있다면 가독성을 해치지 않는 선에서 다양한 색을 사용할 수도 있다. 상황마다 다르니 시장 조사를 꼼꼼히 하기 바란다.

디자인
제작하기

사진과 카피가 준비되었다면 최종적으로 상세페이지 디자인 작업을 해야 한다. 상세페이지 디자인 제작은 자신이 직접 하는 방법과 외주를 맡기는 방법으로 나뉜다.

1. 자신이 직접 하는 방법

핵심은 포토샵이다. 포토샵을 다룰 줄 알면 정말 다양한 영역에서 유용하게 쓸 수 있다. 예를 들어 외주를 통해 상세페이지를 만들었다고 가정해보자. 시간이 조금 지나면 상세페이지의 일부를 수정할 일이 생기기 마련이다. 만약 내가 포토샵을 할 줄 모른다면 간단한 수정에도 비용을 들여야 할 것이다. 이뿐만 아니라 포토샵은 사진을 보정할 때도 유용하게 쓰인다. 사진 편집을 도와주는 다른 프로그램이 있지만 결국엔 한계가 있기 때문에 시간과 비용을 아끼기 위해서라도 포토샵은 배워두는 것이 좋다.

포토샵이 정 어렵다면 망고보드, 플랫폼 자체 에디터를 사용하기 바란다. 망고보드나 네이버 편집기와 같은 플랫폼 자체 에디터는 초보자도 간단하게 상세페이지를 만들 수 있도록 여러 기능과 서비스를 제공한다. 그러나 망고보드와 플랫폼 자체 에디터는 활용도 면에서 단점이 많다. 우리는 스마트스토어에만 상품을 올리는 게 아니다. 각종 오픈마켓, 소셜커머스, 종합몰, 폐쇄몰 등 다양한 곳에 상세페이지를 업데이트해야 한다. 망고보드와 플랫폼 자체 에디터로 상세페이지를 만들고 이를 통으로 다른 플랫폼에 올리면 어딘가 어색하고 부자연스럽게 느껴진다. 플랫폼별로 상세페이지의 구성이 조금씩 달라야 하기 때문인데, 똑같은 프렌차이즈 가게더라도 장소마다 인테리어가 조금씩 다른 것과 같은 이치다. 만일 어느 한 곳에서만 판매하는 온라인 셀러라면 망고보드, 플랫폼 자체 에디터로 충분하지만 결국 장기적으로 보면 좋은 선택지는 아니다.

2. 외주를 맡기는 방법

크몽, 숨고 등 프리랜서 마켓 플랫폼에는 상세페이지를 디자인해주는 업체와 프리랜서가 상당히 많다. 이런 곳에서 외주 디자이너를 찾을 때는 크게 두 가지를 체크해야 한다.

첫 번째, 포트폴리오를 꼼꼼히 확인한다. 내가 원하는 상세페이지 느낌으로 포트폴리오가 구성되어 있는지 확인해야 한다. 포트폴리오가 없거나, 포트폴리오의 방향성이 다르다면 다른 디자이너를 찾아야 한다. 두 번째, 단가를 정확히 확인한다. 디자인 원본 파일을 주는지, 원본 파일까지 받을 경우 금액은 얼마인지 확인해야 한다. 앞서 말했듯이 상세페이지는 수정을 거듭하며 완성해나가는 것이다. 그런데 원본 파일이 없으면 수정이 불가능하다. 보통 원본 파일을 요청하면 외주 측에서 작업비의 20~30%가량을 추가로 받는다. 이 부분은 선택이 아닌 필수이니 꼭 확인하기 바란다.

　참고로 프리랜서 마켓 플랫폼에 올라와 있는 가격은 정확한 가격이 아니다. 무슨 말이냐면 작업물의 난이도에 따라 가격이 달라질 수 있다는 얘기다. 그러니 눈에 보이는 가격만으로 지레짐작하지 말고 견적서를 받아보기 바란다. 간혹 어떤 디자이너는 플랫폼을 통해 결제하지 않고 직접 거래하자고 제안하기도 한다. 수수료가 굉장히 비싸기 때문인데 이렇게 직접 거래를 하면 많게는 30%까지 저렴해질 수 있으니 잘 협의해보길 바란다. 물론 이런 제안을 먼저 하는 것은 큰 실례다. 또 프리랜서 마켓 플랫폼 자체 내에서는 이런 협의가 금지되어 있다는 것도 기억해야 한다.

4단계: 썸네일 기획

썸네일로 고객을 사로잡지 못하면 방문자 수가 줄어들게 되고, 이는 구매전환율에 직접적인 영향을 미친다.

많은 분이 썸네일을 상세페이지만큼 중요하게 생각하지 않는 것 같다. 썸네일(Thumbnail)이란 '페이지 전체를 검토할 수 있게 페이지 전체를 작게 줄여 화면에 띄운 것'으로 오프라인 가게로 따지면 간판의 개념이다. 썸네일을 통해 지나가는 고객의 눈을 단시간에 사로잡으면 빠르게 매출을 키울 수 있다.

고객이 제일 먼저 보는 것은 상세페이지가 아니다. 썸네일을 통해 내 상품이 어떤 상품인지 대략적으로 예측하고 들어오기 때문에 썸네일로 고객을 사로잡지 못하면 방문자 수가 줄어들게 되고, 이는 구매전환율에 직접적인 영향을 미친다. 보통 구매전환율은 제품에 크게 하자가 없고 보편적인 가격에 보편적인 디자인이라면 드라마틱하게 바뀌지 않는다. 그러나 방문자 수, 즉 고객이 유입되는 클릭률은 썸네일을 통해 드라마틱하게 바꿀 수 있다.

예를 들어 어떤 사람이 네이버 쇼핑몰 광고에 상품을 올려 하루 동안 100명이 유입되어 10개의 상품이 팔렸다고 가정해보자. 그런데 다음 날 썸네일을 변경하니 유입량이 200명으로 늘어 20개의 상품이 팔렸다. 매출 차이만 무려 2배다. 상세페이지가 어느 정도 완성도 있다면 이때부터는 유입이 승부처. '어차피 CPC(클릭한 횟수에 따라 비용을 지불하는 키워드 광고)인데 클릭이 많아지면 과금도 같이 늘어나는 거 아니야?'라고 생각할 수 있다. 하지만 이는 큰 오산이다. 클릭률만큼 매출이 늘어나면 CPC 비용이 늘어나더라도 손해는 아니다.

클릭률을 높이는
썸네일 제작법

대부분의 쇼핑 플랫폼이 매출이 많이 나오는 상품을 상위에 노출하는 구조다. 그래서 10개 팔리는 상품보다 20개 팔리는 상품의 순위가 높다. 그리고 상품이 잘 팔리면 네이버 광고 품질지수 또한 좋아져 CPC 광고 단가가 낮아진다. 그러니 사람들이 얼마나 많이 클릭해 유입되느냐가 첫 번째 관건이다. 상세페이지의 구매전환율

은 그다음 문제다. 썸네일 제작 시 고려해야 할 다섯 가지는 다음과
같다.

1. 썸네일에 글이 들어가도 무방하다.

예전에 이베이 교육을 들을 때 한 강사가 "요즘에는 렌즈로 상
품을 찍으면 검색이 되는 시대이기 때문에 썸네일은 누끼사진이 좋
다."라는 이야기를 했다. 즉 사진으로 검색이 가능하니 누끼사진만
올려도 검색엔진 최적화(SEO; Search Engine Optimization)에 도움이
된다는 이야기다. 강의를 들은 지 2년이 지난 지금, 정말 누끼사진
만 올리면 충분할까? 적어도 국내 시장에선 아니다. 상품을 이미지
로 검색하고 구매하는 사람이 얼마나 있을까? 썸네일 사진이 굳이
누끼사진일 필요는 없다. 검색엔진 최적화에 좋지 않은 영향을 미
칠 수 있다 하더라도 썸네일에 글을 넣어 하나라도 더 판매하는 것
이 낫다.

2. 자극적일수록 좋다.

항상 자극적일 필요는 없지만 자극적이면 고객의 눈에 잘 띈다
는 장점이 있다. 썸네일이 자극적일 수 있는 방법은 여러 가지가 있
다. 예시 사진은 썸네일을 테스트해보기 위해 유튜브에 활용한 썸
네일이다. 실제로 썸네일을 자극적으로 만들자 클릭률이 평균 클릭
률보다 4% 이상 높게 나왔다.

자극적인 썸네일의 예시. 항상 자극적일 필요는 없지만 자극적이면 고객의 눈에 잘 띈다는 장점이 있다.

3. 다른 업체 썸네일과 달라야 한다.

다른 업체들 틈에서 내 썸네일이 눈에 확 들어와야 한다. 2번과 조금 비슷하지만 다른 이야기다. 자극적으로 눈에 띄는 것만이 정답은 아니다. 다른 업체들이 전부 파스텔톤을 썼다면 나는 원색을 쓰고, 원색을 썼다면 나는 파스텔톤을 쓰는 식으로 차별점을 둘 수 있다. 다른 업체가 제품 사진만 덩그러니 올렸다면 나는 배경에 신경 쓴 썸네일을 올리는 등 방법은 다양하다.

4. 카테고리에 따라 모델을 쓰면 좋다.

많은 기업이 큰돈을 들여 광고모델을 고용하는 이유는 무엇일까? 자세한 이론은 생략하고 인물이 상품의 모델로 나오면 더 좋은 결과를 만들어내기 때문이다(물론 모든 상황에서 그런 것은 아니다). 유명한 연예인을 고용할 수 있는 여건이 된다면 좋겠지만 그런 게 아니라면 훌륭한 프리랜서 모델을 고용하는 것도 한 방법이다. 아름다운 꽃을 보고 아무 감흥이 없는 사람은 없다. 잠재고객의 선호도를 고려해 적정한 모델을 활용한다면 큰 홍보 효과를 볼 수 있을 것이다.

5. 해당 쇼핑 플랫폼의 분위기를 파악한다.

규모가 큰 오픈마켓과 쇼핑 플랫폼은 특별한 분위기라는 게 딱히 없다. 그러나 규모가 작은 종합몰이나 폐쇄몰 등은 플랫폼이 추구하는 디자인이 따로 있다. 예를 들어 옥션에서 잘 통하는 썸네일이 GS몰에서는 좋지 않은 썸네일일 수 있다. 가장 안전한 방법은 역시 경쟁사를 분석해 특징을 파악하고 벤치마킹하는 것이다. 썸네일은 하나만 올리고 관심을 끄는 것이 아니라 일정 기간을 두고 여러 버전을 적용해 고객의 반응을 모니터링해야 한다.

5단계: CPC 광고 설정

광고를 하는 이유는 내 상품과 서비스를 이용하고 만족해서 차후에도 다시 찾아와주기를 바라기 때문이다.

"저는 CPC 광고 외에는 따로 광고를 해본 적이 없습니다." 억 단위의 매출을 만드는 내가 CPC 광고 말고는 해본 적도, 할 줄 아는 것도 없다고 이야기하면 대부분 놀란다. 아마도 온라인 셀러로 성공하기 위해서는 온라인 광고를 다양하게 활용해야 한다고 생각했기 때문일 것이다. 하지만 나는 아직까지도 CPC 광고만 하고 있으며, 특별히 다른 광고는 시도해본 적이 없다. 개인적으로는 많은 분들이 CPC 광고의 효율이 나쁘다는 선입견을 갖고 있는 것 같아 참 안타깝다. 온라인 광고는 '단기 수익'을 보기 위한 목적으로 진행하는 것이 아니다. 광고의 목적을 착각해서는 안 된다.

광고를
하는 이유

　사실 광고 구좌의 가격이 높게 형성되어 있기 때문에 광고로 순수익을 내기란 어렵다. 땅 파서 장사하는 것도 아닌데 그럼 왜 광고를 진행하는 걸까? 오프라인 가게로 예를 들어보겠다. 식당을 처음 오픈했다고 가정해보자. 굳이 돈과 시간을 들여 전단지를 돌리는 이유는 무엇일까? 최대한 많은 사람에게 가게를 새롭게 열었다는 사실을 알리기 위해서다. 전단지를 보고 가게를 찾아오는 사람은 극소수인데 굳이 이렇게 번거롭게 발로 뛰는 이유는 조금이라도 유입을 늘리기 위해서다. 그렇다면 유입을 늘리는 이유는 무엇일까? 그래야 고객이 우리 식당의 음식을 경험할 수 있기 때문이다. 전단지에 들인 돈과 시간이 아깝지 않을 만큼 고객이 많은 돈을 쓰지 않으면 실패한 광고란 말인가? 아니다. 고객이 우리 가게를 경험하고 만족하면 차후에 또 방문하게 될 것이고, 그러한 고객이 쌓이고 쌓여 단골군이 형성되기를 바라는 마음 때문이다.

　광고를 하는 이유는 고객이 내 상품과 서비스를 이용하고 만족해서 차후에도 다시 찾아와주기를 바라기 때문이다. 즉 내 브랜드의 단골을 늘리기 위한 목적이라는 것이다. '광고를 하면 광고에 쓴 돈보다 더 많은 돈을 벌어야 남는 장사인 것 아니야?' 하는 판매자 중심의 생각 때문에 온라인 광고의 효율이 나빠 보이는 것이다. 특히 온라인 사업은 고객을 직접 눈으로 확인할 수 없다 보니 단골의 개념이 흐릿하기 쉽다. 하지만 온라인 사업도 오프라인 사업과 동일하다. 해당 브랜드를 추종하는 충성고객이 형성되면 늘 어느 정도 매출은 보장된다. 그러니 광고를 시행했다면 매출이 얼마나 나는지가 아니라 재방문 고객이 얼마나 늘어났는지를 확인해야 한다. CPC 광고를 집행하면 구매가 처음인 고객, 재방문해 2번 이상 구매한 고객, 3번 이상 구매한 고객의 숫자를 실시간으로 파악할 수 있다. 이런 데이터 관리는 매우 중요하다.

광고 세팅 노하우

특히 광고를 통해 우리 브랜드를 방문한 손님의 '반응 데이터'에 주목해야 한다. 구매전환율에 영향을 미치는 요소(썸네일, 상세페이지, 추가 구매 상품, 리뷰, Q&A 등)를 전부 갖췄다면 네이버 CPC 광고 기준으로 '4위 구좌'로 광고를 내보자. 네이버 4위 구좌는 상위노출 광고 구좌 중 저렴한 편에 속한다. 이렇게 처음에는 4위 구좌로 진행해보고 CPC 단가를 확인한다. 그리고 하루에 몇 번의 클릭이 발생하는지 확인한다. 100클릭을 받는 데 필요한 총비용과 기간을 계산해 만약 예산이 초과된다면 6위 구좌로 내려 CPC 단가를 낮춘다.

사실 자본이 충분하다면 시간이 금이니 1위 구좌로 노출하는 게 가장 좋긴 하다. 개인적으로 초기에는 100클릭을 받기까지 최소

1주일 이상 걸리는 게 좋다고 생각한다. 하루나 이틀 만에 100클릭 이상을 받으면 정확한 데이터를 얻기 어렵기 때문이다. 요일마다, 시간마다 고객이 언제 어떤 타이밍에 늘고 주는지 확인하기 위해서는 최소 1주일치 이상의 데이터가 필요하다. 100클릭을 기준으로 삼는 이유는 퍼센트(%)로 데이터를 분석하기 위함이다.

$$100클릭=100\%$$

즉 1클릭을 1%로 계산하는 것이다. 이렇게 퍼센트 단위로 데이터를 정리하면 나중에 어느 정도 검증 과정을 거쳐 최적의 광고 세팅을 찾을 수 있게 된다.

상품 리뷰 및
Q&A 작업

상품 리뷰 및 Q&A 작업도 필수다. 리뷰 작업이란 주변 지인이나 인플루언서 등에게 부탁해 제품에 대한 리뷰를 늘리는 과정을 의미한다(이때 소정의 사은품이나 비용이 소요되기도 한다). 리뷰 작업이라고 하니 어뷰징 같다는 생각이 들 수도 있다. 물론 리뷰 폭탄 수준으로 작위적으로 수십 수백 개의 리뷰를 도배하면 어뷰징과 다를 바 없다. 하지만 최소 5~10개 정도의 리뷰는 누구나 기본적으로 갖추고 시작한다. 오프라인 가게로 따지면 오픈한 가게에 지인들을 초대해 좋은 분위기를 형성해주는 것과 같다. 리뷰가 없어 생길 수 있는 고객의 편견을 방지하는 최소한의 장치이니 망설이지 않아도 된다.

Q&A도 마찬가지다. 지인에게 Q&A에 몇 가지 질문을 남겨달라고 부탁해 답변을 다는 작업을 해야 한다. 이런 식으로 적당히 리뷰와 Q&A를 채운 다음 광고를 진행하면 효과가 더 좋다. 하지만 사실과 관계없이 제품이 너무 좋다고 부풀려서는 안 된다. 고객이 부풀려진 정보에 속아 구매를 하면 상품에 실망할 확률이 높아지고, 실망했다는 리뷰를 남길 확률도 커진다. 리뷰는 상세페이지에서 강조한 몇 가지 장점만 언급하는 정도면 충분하다. 다시 한번 강조하지만 리뷰로 상품의 가치를 부풀려서는 안 된다. 우리가 리뷰 작업을 하는 이유는 고객을 낚는 것이 아니라 정확한 정보를 전달하기 위함이다.

6단계: 광고 분석

광고비와 마진율을 계산해보고 광고 단가를 더 올릴 여력이 된다면 광고 구좌를 상위로 올리는 것이 좋다.

광고까지 집행했다면 이제 결과를 분석해야 한다. 만일 광고를 진행했음에도 매출이 미진하다면 나의 상품이 더 노출될 수 있도록 광고를 다시 세팅해야 한다.

제품을 노출하는 방법

상품을 노출하는 방법은 크게 네 가지가 있다.

1. 광고 구좌를 더 상위 구좌로 올린다.

가장 간단한 방법이다. 광고비와 마진율을 계산해보고 광고 단가를 더 올릴 여력이 된다면 광고 구좌를 상위로 올리는 것이 좋다. 광고 단가를 올리면 수익성이 떨어지기 마련인데, 그럼에도 여력이 된다면 상위 구좌로 올리는 것을 추천한다. 판매량이 높아질수록 우리 브랜드의 제품이 해당 쇼핑 플랫폼에서 더 높은 순위에 노출되기 때문이다.

예를 들어 A상품의 정가가 2만 원이고 마진율이 50%라고 가정해보자. A를 하나 판매하면 1만 원이 남는다. 그런데 광고 데이터를 보니 100번의 클릭당 10번 구입이 일어나 총 20만 원의 매출과 10만 원의 순수익이 발생했다. 광고비로 총 8만 원이 들어갔고 최종적으로는 2만 원이 남았다. 그래서 남은 2만 원을 재투자해 광고 단가를 더 올렸다. 이번에는 100클릭을 받아 20만 원의 매출과 10만 원의 수익이 났고, 10만 원의 광고비가 지출되었다. 최종 수익을 비교하면 다음과 같다.

첫 번째 광고: 순수익 10만 원−광고비 8만 원＝2만 원
두 번째 광고: 순수익 10만 원−광고비 10만 원＝0원

매출만 놓고 단순 계산하면 광고비가 적은 전자의 최종 수익이 더 높다. 순수익은 똑같지만 두 번째 광고의 광고 단가가 더 비싸기 때문에 굳이 광고 단가를 올릴 필요가 없어 보인다. 하지만 그렇지

않다. 비용이 더 들더라도 여력이 된다면 최대한 광고 단가를 올려야 한다. '광고 유입'보다 '일반 유입'이 더 중요하기 때문이다. 광고 구좌를 올리면 당연히 제품의 판매량이 늘어나게 되고, 우리 브랜드의 제품이 상위에 노출되어 일반 유입이 늘게 된다. 그래서 전환율에 문제가 없다면 예시처럼 첫 번째 광고로 번 최종 수익(2만 원)을 광고비로 재투자하는 것이 좋다. 창업 초기에는 (1인 기업이라는 전제하에) 고정비가 거의 나가지 않아도 되는 특수한 상황인 경우가 많기 때문에 여력이 생길 때마다 지속적으로 광고에 재투자할 수 있다.

2. 노출되는 지면을 다양화한다.

쇼핑 플랫폼마다 광고의 종류가 다양하며, 광고주가 직접 어디에 어떤 식으로 노출시킬 것인지 선택이 가능하다. 메인 CPC 광고보다 저렴한 가격의 광고도 많다. 그러나 CPC 광고처럼 검색을 통해 클릭이 일어나는 직관적인 광고와 달리 그냥 지나가다 우연히 보게 되는 경우가 대부분이라 구매전환율이 낮을 수 있다. 이러한 광고는 상품의 특성에 따라 효과가 다를 수 있으니 상품마다 테스트를 거듭해야 한다.

3. 세부키워드를 지속적으로 발굴한다.

메인키워드도 중요하지만 세부키워드도 간과해서는 안 된다. 강남대로 한복판에 있는 상가를 떠올려보자. 그곳의 임대료가 굉장히 비싼 이유는 강남대로가 많은 사람에게 노출되는 위치이기 때문이다. 그러면 내가 살고 있는 천안의 뒷골목 상가는 어떨까? 노출이 적기 때문에 강남대로와 비교하면 임대료가 굉장히 저렴하다. 그래서 오프라인 사업은 쉽지가 않다. 위치를 옮기지 않는 이상 이 공식에서 크게 벗어날 수 없기 때문이다. 그런데 만약 돈 한 푼 안 들이고 수백 개의 골목에 가게를 차릴 수 있다면 어떨까? 오프라인에서는 현실성이 부족한 이야기지만 온라인에서는 충분히 가능한 일이다. 세부키워드를 발굴하면 자잘하게 노출량이 늘어나게 되고, 세부키워드가 쌓이고 쌓이면 메인키워드만큼의 노출량을 확보할 수 있게 된다. 당연히 비용도 훨씬 저렴하다.

4. 새로운 플랫폼에 입점한다.

하나의 플랫폼에서만 광고하고 물건을 파는 것보다 다양한 플랫폼에 입점해 판매하는 것이 더 효율적이다. 스마트스토어에서 하루 판매량 20개를 올리기 위해 '100'의 노력을 해야 한다면, 그 노력을 '20'씩 5개 플랫폼에 분산하면 50개 이상도 추가로 판매될 수 있다. 그래서 처음에는 가장 보편적이고 규모가 큰 스마트스토어나 쿠팡으로 시작하다 어느 정도 판매가 이뤄지면 다른 플랫폼에 추가로 입점하는 것을 추천한다. 어떤 일이든 0에서 100으로 가는 것보다 100에서 120으로 가는 게 더 어려운 법이다. 어쩌면 광고비를 늘리는 것보다 더 확실한 방법일 수 있다.

클릭률
늘리기

노출량을 원하는 만큼 늘렸다면 이제는 클릭률을 분석할 차례다. 이 과정에서 단순히 클릭률만 신경 쓰는 것이 아니라 내가 타깃으로 삼은 고객이 내 상품을 클릭할 수 있도록 유도해야 한다. 방법은 크게 두 가지다.

1. 고객이 모델이어야 한다.

진짜 고객을 모델로 쓰라는 것이 아니다. 고객과 같은 성별, 연령대의 모델을 활용하라는 뜻이다. 인간은 기본적으로 상황이 머릿속에 그려지지 않으면 거부감을 느낀다. 화면으로 상품을 봤을 때 내가 그 상품을 잘 사용하고 만족하는 모습이 머릿속에 떠오르지 않으면 어떻게 될까? 구매전환이 잘 일어나지 않을 것이다. 그래서 고객 자신이 이 상품을 사용했을 때 어떤 느낌일지 잘 상상할 수 있도록 그 모습을 모델에 투영해야 한다.

2. 광고 소재에 이벤트를 넣는다.

광고 소재란 광고 아래에 적힌 간단한 설명글을 이야기한다. 광고 소재에 이벤트 내용을 기입하면 클릭률을 높일 수 있다. 예를 들어 '3만 원 이상 구매 시 쿠폰 혜택' '스토어찜 2천 원 할인쿠폰' '4시 이전 주문 시 당일 발송' 등 이벤트와 혜택 내용을 광고 소재

티백 100개입 호박팥차 작두콩 수세미차 결명자...
17,900원 18,300원 2%

3만원 이상 구매시 쿠폰 혜택! 1. 스토어찜 2000원 할인쿠폰 2. 소식받기 2000원 할인쿠폰 증정 3. 무료배송 2500원 4.

리뷰 4,760 · 평점 4.8.5

티백 100개입 핑거루트 노니 모링가 당귀차 차...
17,900원 18,300원 2%

3만원 이상 구매시 쿠폰 혜택! 1. 스토어찜 2000원 할인쿠폰 증정 2. 소식받기 2000원 할인쿠폰 증정 3. 무료배송 250.

리뷰 1,501 · 평점 4.8.5

고객과 같은 성별, 연령대의 모델을 활용한 모습. 하단 광고 소재에는 이벤트 내용이 기입되어 있다.

에 기입하는 것이다. 다시 한번 강조하지만 고객을 속여 클릭을 유도하면 오히려 역효과를 볼 수 있다. 허위 이벤트는 금물이다.

7단계: 최적의 구성 찾기

그동안 쌓인 데이터를 기반으로 어떤 가격, 사은품, 쿠폰 및 적립금이 유리한지 검토해보자.

7단계는 앞서 3~6단계를 최종 점검하고 상황에 따라 보수하거나 업그레이드하는 과정이다.

사진
수정하기

7단계는 '이러면 고객이 더 늘 것이다.' '이렇게 수정하면 매출이 더 늘 것이다.' 등 가설을 세우고 행동하는 과정이기 때문에 최적의 결과가 나올 때까지 보수 또는 업그레이드를 반복해야 한다. 첫 번째는 사진이다. 사업 초기에 큰돈을 들여 사진을 찍을 수 있는 상황이 아니라면 포토 리뷰를 참고하는 것이 좋다. 포토 리뷰는 고객의 시선에서 제품을 촬영한 것이기 때문에 고객이 제품의 어떤 면을 매력적으로 느꼈는지 확인할 수 있는 좋은 기회다. 고객들이 공통적으로 어떤 구도나 제품의 한 면을 지속적으로 촬영했다면 이를 참고하는 것이 좋다.

주의할 부분은 사진에 너무 공을 들여 예산을 과하게 써서는 안 된다는 것이다. 정말 효과가 있는지 항상 예민하게 계산해보고 판단을 내려야 한다. 예를 들어 사진을 다시 촬영하고 상세페이지를 수정하는 데 100만 원의 비용이 들었다고 가정해보자. 이 상품이 한 달에 벌어주는 수익은 50만 원이었는데, 사진을 수정해서 추가로 발생한 구매전환율은 2%에 불과했다. 매달 상승분을 유지한다고 하더라도 비용을 충당하려면 시간이 오래 걸린다. 나중에 사진이 또 마음에 들지 않을 가능성도 배제할 수 없다.

최적의
구성 찾기

두 번째는 가격, 사은품, 쿠폰 및 적립금을 달리해 최적의 구성을 찾는 것이다. 그동안 쌓인 데이터를 기반으로 어떤 가격, 사은품,

쿠폰 및 적립금이 유리한지 검토해보자. 정답은 없다. 데이터를 기반으로 가설을 세워 변화를 시도해야 한다.

1. 가격

요가링을 꽤 저렴하게 판매하는 온라인 셀러 B군이 있다고 가정해보자. 상품의 원가는 2천 원이고, 판매가는 4천 원이다. 다른 경쟁자도 다 이 정도 가격에 판매하고 있는 상황이다. 이때부터가 중요한데, 어느 날 B군은 실험을 위해 요가링의 가격을 6천 원으로 올려 판매해봤다. 그런데 동일한 기간 4천 원으로 판매했을 때와 비교해보니 클릭률과 구매전환율이 크게 떨어지지 않았다. 간단한 실험을 위해 앉은 자리에서 숫자 하나 바꿨을 뿐인데 마진율이 2배나 늘어난 것이다. B군은 이번에는 요가링의 가격을 7천 원으로 올렸다. 그러자 클릭률과 구매전환율이 크게 떨어지기 시작했고 '6천 원까지가 소비자의 심리적 마지노선이구나.' 하는 결론에 도달했다.

'다른 판매자도 다 이렇게 하지 않을까?'라는 의문이 들지 모른다. 하지만 그렇지 않다. 내가 그동안 만나온 온라인 셀러 중 상품 하나하나의 가격까지 세밀하게 조정하는 경우는 굉장히 드물었다. 적당히 잘 판매되고 있으면 관심을 뚝 끊고 더 굵직굵직한 상품에 관심을 기울이는 경우가 많다. 그러나 규모가 커지면 1%의 변화가 수천만 원의 이익으로 이어질 수 있다. 만일 대표가 이러한 테스트를 일일이 하기 어려운 상황이라면 일정한 기준을 세워주고 직원에게 위임하면 된다.

2. 사은품

사은품은 덤으로 주는 개념이 아니다. 자신이 만든 브랜드가 추구하는 가치와 방향을 표현할 수 있는 수단이자 비즈니스의 언어다. '고객에게 이 사은품을 주면 이렇게 반응할 거야!'라고 예측하고 브랜드의 방향성에 맞는 사은품을 준비해야 한다. 예를 들어 친환경을 추구하는 브랜드라면서 플라스틱 재질의 과대 포장된 사은품을 선물한다면 브랜드 이미지를 훼손할 수 있다.

3. 쿠폰 및 적립금

비즈니스 용어 중 체리피커(Cherry Picker)라는 말이 있다. 어떤 서비스나 물건의 혜택만 챙기고 떠나는 사람들을 이야기한다. 과도한 혜택으로 고객의 마음을 얻으려 하는 것은 체리피커만 꼬이는 가장 하수의 방법이다. 쿠폰 및 적립금은 고객에게 적당히 이득이 되면서도 상품의 가치가 떨어져 보이지 않게끔 하는 것이 중요하다. 프로모션을 자주 연다고 좋은 것만은 아니다. 예를 들어 자동차 브랜드 중 BMW는 대대적인 할인이 잦아 세일 기간이 아니면 소비자들이 선뜻 차를 사지 않고 망설이곤 한다. 반면 벤츠는 가격을 깎아주는 프로모션을 거의 하지 않는다. 그래서 벤츠를 사는 소비자들은 대개 기다림 없이 그 자리에서 구매를 결심한다. 오늘 구매하나 다음 달에 구매하나 가격은 똑같기 때문이다.

물론 너무 프로모션에 인색하면 충성고객 관리가 어려울 수 있으니 때에 따라 적절히 이벤트를 열어야 한다. 식음료를 파는 온라인 셀러라면 '1+1' '2+1' 이벤트도 좋은 방법이다. 마트에서 과자, 맥주 등을 묶어서 파는 것을 본 적이 있을 것이다. 이렇게 상품이 묶여 있으면 지금 당장 필요하지 않더라도 장기적으로 두고 사용할 수 있겠다는 생각에 구매 욕구를 자극하게 된다. 온라인 쇼핑에서도 마찬가지다. '1+1' '2+1' 혜택이 있으면 구매 계획에 없던 제품도 다시 한번 살펴보게 된다.

부록

레드오션에서 이기는
차별화 전략

레드오션과 블루오션의 중간계

레드오션은 이미 수많은 경쟁자들이 존재하는 포화된 시장을 뜻하며, 블루오션은 경쟁자가 없는 새롭게 개척된 시장을 뜻한다. 레드오션은 다른 사람의 '성공 방정식'을 답습할 수 있다는 장점이 있지만, 경쟁이 치열해 낙오되기 쉽다는 단점이 있다. 블루오션은 독창적인 아이디어로 시장을 선점하면 큰 이윤을 취할 수 있다는 장점이 있지만, 자본력이 없으면 홍보가 어렵다는 단점이 있다. 사실 모든 1인 기업의 숙원은 블루오션을 정복하는 것이다. 하지만 자본력이 부족한 온라인 셀러가 블루오션을 차지하기란 불가능에 가깝다.

블루오션과 레드오션의 교집합, 퍼플오션

블루오션
- 유에서 무를 창출
- 혁신에 고비용 소요
- 추종자와 모방자 빠르게 유입

퍼플오션
- 기성제품을 약간 개선해 시장 진입
- 혁신에 저비용 소요

레드오션
- 경쟁자가 넘쳐 생존 버거움
- 낙오될 가능성이 큼

설사 운 좋게 시장을 선점해도 후발주자로 뛰어든 대기업에게 밀려버릴 가능성이 크다.

남들을 압도할 독창적인 아이디어도, 대기업과 맞서 싸울 자본력도 부족한 평범한 온라인 셀러인 우리가 섣부르게 블루오션을 찾으면 쓴맛을 볼 수 있다. 그래서 나는 퍼플오션에 답이 있다고 생각한다. 레드오션과 블루오션의 교집합인 퍼플오션에 진입해야 한다. 레드오션만큼 험난하지 않고, 블루오션만큼 리스크가 크지도 않은 퍼플오션에 진입해 경쟁하는 것이다. 기존에 시장성이 검증된 기성제품을 약간 개선해 세상에 없는 나만의 제품을 만든다면 저비용으로 새로운 시장을 개척할 수 있다.

방법은 간단하다. 이미 사장이 형성된 곳에서 약간의 아이디어를 접목시킨 아이템을 내놓는 것이다. 내가 판매하고 있는 티백 카테고리도 사실 포화 시장에 가깝다. 대기업이든, 중소기업이든 티백의 가격은 다 비슷하고, 제품의 질도 큰 차이가 없다. 만일 내가 '이미 대기업이 꽉 잡고 있으니까 새로운 시장을 개척해야 한다.'라고 생각했다면 오늘의 성공은 없었을 것이다.

아직도 레드오션에서 경쟁하는 것이 두려워 '세상을 바꿀 아이디어'를 찾고 있는가? 설사 천만 분의 일의 확률을 뚫고 세상을 바꿀 아이디어가 떠오른다 할지라도 혼자서 시장을 새롭게 개척하는 것은 불가능에 가깝다. 일단은 레드오션에서 시작해 자신의 색깔과 약간의 아이디어를 바탕으로 퍼플오션을 개척하기 바란다.

5장

N잡러를 위한
여섯 가지 제언

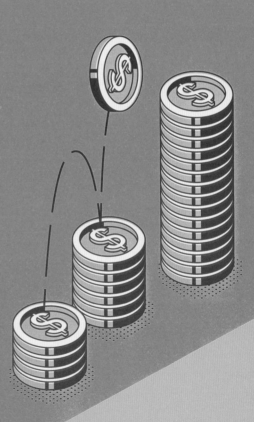

'조급함'이라는
함정에 대하여

만일 목표가 비현실적이라면 '조급함'이라는 함정에 빠진 것은 아닌지
돌아봐야 한다.

2019년 창업진흥원에서 발표한 〈한눈에 보는 창업동향〉 리포트에 따르면 응답자 50.3%가 '더 큰 경제적 수입을 위해' 창업을 선택한 것으로 나타났다. '적성에 맞는 일이기 때문에' '경제·사회 발전에 이바지하기 위해' '다른 선택의 여지가 없어서' 등의 답변이 뒤를 이었다. 당연히 창업을 하는 이유는 더 큰 경제적 수입을 얻기 위해서다. 나 또한 그랬다. 특히 지금처럼 평생직장 개념이 없는 저성장 시대에는 다른 해답이 있나 싶다. 우리처럼 평범한 사람들이 N잡러가 되는 건 어쩌면 당연한 순리일지 모른다. 이미 N잡러라면 충분히 열심히 살고 있는 것이니 스스로 대견하게 생각해도 좋다.

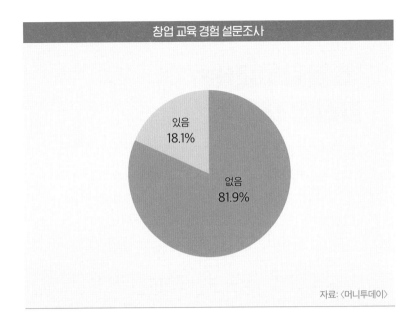

있음
18.1%

없음
81.9%

자료: 〈머니투데이〉

그 시간에 게으름을 피우고 침대에 누워 욜로(YOLO)를 부르짖으며
쉴 수도 있었을 텐데 우리는 그렇게 하지 않았다.

문제는 부업으로 사업을 시작하는 사람들 중에 제대로 사업을
준비하는 사람이 거의 없다는 것이다. 〈머니투데이〉가 20~30대
750명을 대상으로 설문조사를 실시한 결과, 창업과 관련된 교육
을 이수한 사람은 불과 18.1%뿐이었다. 특히 창업이 가장 활발한
30대의 경우 창업 교육을 수강한 응답자는 전체 393명 중 14.0%
에 불과했다. 아무런 공부 없이 창업에 성공해 부수입으로 매달 순
수익 100만 원 이상을 따박따박 벌 수 있을까? 오히려 돈만 까먹지
않으면 다행이다. 자본도, 인맥도, 지식도 부족한데 덜컥 창업을 시

도하면 망할 수밖에 없다.

유튜브에서 말하는 것만 보면 왠지 나도 충분히 성공할 수 있을 것만 같다. 유튜버가 직접 매출도 보여주고, 근사하게 사는 모습도 보여주고, 통장 잔액까지 공개하니 믿음이 간다. 나도 당장 시작하기만 하면 큰돈을 벌 수 있을 것만 같다. 하지만 모든 사람이 똑같이 성공할 수 있는 방법은 없다. 만약 해당 유튜버가 제시한 결과를 갖추기 위해 열 가지 조건이 필요하다고 가정해보자. 그 가운데 한 가지 조건만 미달되어도 결과는 크게 달라질 것이다. 설사 열 가지 조건을 모두 갖춰도 사람마다 가진 시간이 다르고, 환경이 다르다. 사업의 주체인 '나'라는 존재부터가 유튜버와 동일하지 않다. 즉 변수가 워낙 많으니 조건을 완벽하게 똑같이 갖추기란 불가능에 가깝다.

내가 원하는 이상적인 결과를 이룬 유튜버만 추종해 '나도 저렇게 하면 성공할 수 있겠지?' 하는 환상부터 버려야 한다. 미디어에 현혹되면 객관적인 분별력이 사라지게 된다. 마음이 흔들릴 때마다 창업(創業)의 사전적 의미부터 다시 상기해보기 바란다.

1. 나라나 왕조 따위를 처음으로 세움
2. 사업 따위를 처음으로 이루어 시작함

그렇다. 창업은 처음으로 무언가를 시작하는 것이다. 처음이니 당연히 알아가는 학습의 여정을 거쳐야 한다. 하나부터 열까지 모르는 것투성이일 수밖에 없다. 그 세세한 과정을 과연 유튜버의 말 몇 마디로 다 이해할 수 있을까? 아무런 준비 없이 사업을 시작해 보면 "이렇게나 할 일이 많다고?" "이건 또 어떻게 해야 하지?" 하는 말을 하루에도 수십 수백 번씩 하게 될 것이다.

간절함과
조급함은 다르다

사람들이 섣부르게 창업에 손을 대는 이유는 '돈'이라는 현실적인 문제를 빨리 해결하고 싶은 '조급함' 때문인 것 같다. 물론 돈을 벌어 부자가 되고 싶은 간절함이 나쁜 것은 아니다. 간절한 마음을 조절하지 못해 이로 인해서 파생되는 실수들이 문제다. '간절함'과 '조급함'을 착각하지 말았으면 좋겠다. 사업을 하는 사람은 직장인과 달리 매일 냉철한 판단을 내려야 한다. 직장에서는 실수를 해도 이를 처리해줄 직장 상사가 있지만 사업가는 오롯이 모든 것을 자기가 떠안아야 한다. 특히 1인 기업은 대표인 자신이 모든 선택과 결과를 책임지게 된다.

간절함과 조급함을 구분하는 방법은 쉽다. 창업을 하는 이유를 다시 떠올려보자. '일주일에 3~4시간만 일하고 매달 1천만 원 이상을 벌고 싶다.' '딱 1천만 원만 투자해서 1년에 10억 원 이상 벌고 싶다.' 등 만일 목표가 비현실적이라면 '조급함'이라는 함정에 빠진 것은 아닌지 돌아봐야 한다. 누군가에게는 가능한 목표일지 몰라도 냉정하게 실현 가능성이 10% 미만이라면 아예 시작하는 않는 것이 낫다. 목표는 보다 현실적이어야 한다. 최종적으로 원하는 상태가 목표가 되어서는 안 된다. 꿈과 목표는 다른 것이다. 그러니 준비가 부족한 상태에서 다니던 직장을 그만두거나, 평생 모은 돈을 쏟아 붓는 행동은 자제하기 바란다.

아이템 선정 기준은 명확해야 한다

팀 단위로 창업한다면 이야기가 달라지겠지만 리소스가 부족한 1인 기업이라면 한정된 카테고리 내에서 아이템을 찾아야 한다.

온라인 셀러에게 아이템 선정은 매우 중요하다. 도소매 또는 유통업을 하려고 한다면 아이템에 따라 고객, 자본금, 보관, 배송, CS, 인력 구성 등 유통 과정 전반에 변화가 생기기 때문이다. 지극히 개인적인 생각이지만 1인 기업으로 시작할 때는 아이템에 너무 욕심을 내서는 안 된다. 만약 팀 단위로 창업한다면 이야기가 달라지겠지만 리소스가 부족한 1인 기업이라면 한정된 카테고리 내에서 아이템을 찾아야 한다. 선호하는 물건, 잘 팔 자신이 있는 물건, 가치있는 물건이라 할지라도 유통 과정에서 비용 소모가 크다면 배제해야 한다.

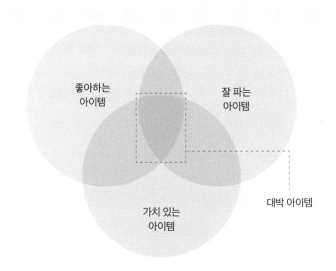

나는 '아이템 선정'이 청소년기의 '진로 설정'에 대한 고민과 비슷하다고 생각한다. 흔히 우리는 진로를 고민할 때 좋아하는 일, 잘하는 일, 가치 있는 일을 찾기 위해 노력한다. 이 세 가지 범주의 교차점을 바로 '천직'이라 하는데, 사람은 누구나 천직을 찾아 보람과 경제적 자유를 얻고 사회적으로도 인정받기를 원한다. 혹시 이 세 가지 범주 안에서 천직을 찾아 현재 '업'으로 삼고 있다면 정말 행운아이며 축하할 일이다.

진로 설정의 기준이 되는 이 세 가지 범주가 아이템 선정에도 그대로 적용된다.

좋아하는 일 = 좋아하는 아이템

잘하는 일 = 잘 파는 아이템

가치 있는 일 = 가치 있는 아이템

좋아하는 아이템, 잘 파는 아이템, 가치 있는 아이템의 교차점이
바로 '대박 아이템'이다.

인생과 사업은
탐험에 가깝다

처음 사업을 시작하면 당장이라도 대박 아이템을 찾을 수 있을
것만 같다. 그러나 문제는 나에게 딱 맞는 아이템을 찾기가 생각보
다 정말 어렵다는 것이다. 아이템 선정은 진로 선택과 마찬가지로
단기간에 해결할 수 없는 문제다. 왜냐하면 천직과 대박 아이템은
찾는 것이 아니라 발견하는 것이기 때문이다. 찾는다는 건 '모르는
것을 알아내고 밝혀내려고 애쓰는 것'이고, 발견하는 건 '미처 찾아
내지 못했거나 아직 알려지지 않은 무언가를 찾는 것'이다. 그래서
경험이 부족한 초보 셀러일수록 아이템을 찾는 일이 굉장히 어렵게
느껴진다. 사업을 하다 보면 실력이 늘고 보는 눈이 생기면서 자연
스럽게 대박 아이템을 발견할 확률이 높아진다. 우리가 각종 체험
학습과 진로검사를 통해 천직을 찾기 위해 노력하는 것처럼 아이템

선정도 단기간에 쉽게 뚝딱 풀리는 문제가 아니다. 그렇게 쉽게 찾아지는 것이었다면 진로 탐색이 평생의 숙제일 리 없고, 자영업자의 폐업률이 이렇게 높을 리도 없다. 그러니 '나는 반드시 대박 아이템을 찾아 한 방에 크게 성공하겠어!' 하는 허황된 집착(?)을 잠시 내려놓기 바란다.

개인적인 신념이 포함된 제품이 아닐지라도 시장성만 좋으면 좋은 아이템이 될 수 있다. 물론 꼭 내가 싫어하는 분야의 제품, 별로 관심 없던 분야의 제품만 고집하라는 뜻은 아니다. 나는 실제로 좋아하는 제품을 팔아 매출을 많이 내는 사업가도 봤고, 관심 없는 제품을 팔아 매출을 일으킨 사업가도 봤다. 즉 사업은 정답이 없다. 사업은 탐험의 영역이고, 이 탐험을 통해 가설이 입증된 데이터를 축적해야 한다. 그리고 이 데이터를 바탕으로 시황을 예측하고 사업을 운영하는 단계까지 가야 한다.

자신만의 아이템을
찾아야 한다

아마도 예비 창업자라면 누군가 속시원하게 정답을 말해주길 바랄 것이다. 그래서 "이 아이템을 팔면 대박 납니다.""이것만 잘 팔아도 망하지 않습니다." 등 여러 거짓말에 현혹되곤 한다. 만약 사업을 하고 싶다면 '공짜'를 바라는 마음부터 바꿔야 한다. 자신만의 아이템을 찾지 못하고 주변의 조언에 이리저리 휘둘린다면 그 사업은 오래가지 못할 것이다.

아이템을 찾을 때는 자신의 특징과 장점을 충분히 고려해야 한다. 예를 들어 자신의 특징이 '솔직함'이라하면 솔직함을 그대로 드러낼 수 있는 제품을 찾아야 한다. 즉 제품이 주는 메시지나 효능이 명확해야 하는데, 대표적으로 '비누'가 그럴 수 있다. 사람들이 비누를 구매하는 이유는 명확하다. 그래서 무엇인가 굳이 허황된 메시지를 덧붙이지 않아도, 효능을 꾸며내지 않아도 제품을 홍보할 수 있다. 자신의 특징과 장점을 고려한 제품(비누)을 찾았다면 이제 그것이 가치가 있는지 따져봐야 한다. 만일 찾은 아이템이 시장성이 좋고, 신념에도 부합하는 것이라면 벌써 좋은 아이템의 세 가지 조건 중 두 가지(좋아하는 아이템, 가치 있는 아이템)를 충족한 것이다. 마지막 조건(잘 파는 아이템)을 충족할 수 있는지 여부는 직접 시장에 제품을 내놓고 시험해보는 수밖에 없다.

세 가지 전부를 충족하는 '좋은 아이템'을 찾았다고 해서 꼭 '좋은 브랜드'가 될 수 있는 것은 아니다. 여기서 말하는 브랜드란 단순히 제품에 자신만의 로고를 붙이고 포장하는 패키징을 의미하는 것이 아니다. 브랜딩은 깊은 신뢰를 바탕으로 팬(단골)과 지속적으로 소통함으로써 탄생한다. 이는 하루아침에 이루어지는 것은 아니고 사업을 이끌어가는 대표의 마인드, 가치관, 인생을 살아오면서 키운 문제해결력, 인문학적 소양 등이 어우러져 이뤄진다. 굉장히 거창하게 들리겠지만 불가능한 영역은 아니다.

좋은 아이템의 세 가지 조건을 모두 충족한다면 좋겠지만, 개인적으로는 두 가지 정도만 충족해도 크게 나쁘지 않다고 생각한다. 세 가지 조건의 우열을 따질 수는 없지만 상황에 따라 만약 좋아하는 물건도, 잘 팔 수 있는 물건도 없다면 가치 있는 물건에 집중해보길 바란다. 가치 있는 물건에 속하는 아이템은 대개 꾸준히 성장하는 카테고리에 속해 있고, 앞으로의 트렌드에 부합할 여지가 높다. 시장이 어느 정도 형성되어 있고, 대기업의 관여가 적은 카테고리의 아이템이 가장 좋다.

시작부터 바로 대박을 터트릴 수는 없다. 실패한다는 전재 하에 100만 원 이하로 투자해 시험적으로 온라인 셀러 일을 체험해보기 바란다. 정말 확신이 있더라도 첫 투자는 최대 1천만 원을 넘기지 않는 것이 좋다. 이렇게 리스크를 줄이면 설사 실패하더라도 다시 일어설 수 있다. 시작부터 무리하게 사활을 걸지 말고 리스크를 충분히 고려하기 바란다.

수익자동화라는 환상에 대하여

온라인 쇼핑몰 사업도 수익자동화가 가능할까? 결론부터 이야기하자면 완벽한 수익자동화는 불가능하다.

만약 당신이 온라인으로 유통 사업을 시작한다면 순수익 100만 원이 매달 따박따박 꽂히기까지 얼마나 걸릴까? 심지어 자신은 일하지 않고 저절로 수익이 만들어지는 시스템, 즉 수익자동화 시스템을 구축하기 위해서는 얼마의 시간이 필요할까? 이 부분을 이야기하기 위해선 우선 온라인 셀러가 하는 '일'에 대한 이해가 필요하다.

온라인 셀러의 본질은 '유통'이다. 즉 우리가 하려고 하는 사업은 유통을 하는 일이다. 사업을 시작하려 할 때 주변 사람들에게 '유통 일'을 한다고 하면 "유통이요? 그걸 왜 하려고 해요?"라는 이야기를 자주 듣게 된다. 사람들이 유통에 부정적인 이유에 대해 생각해보자. 유통은 A가 만든 물건을 B라는 사람에게 전달하면서 발생되는 노동력, 비용과 관련되어 있다. 그런데 A와 B만 있는 것이 아니다. C도 있고, D도 있고 때에 따라서 E, F, G 그 이상도 있을 수 있다. 온라인 셀러는 이 과정에서 수수료를 일정 부분 받아 돈을 버는 사람이다. '제조업자 → 도매상 → 소매상 → 소비자'로 이어지는 수직적 연계를 설계하고 또 관여하는 이 과정이 굉장히 복잡하고 힘들기 때문에 유통 일을 어렵게 생각하는 경우가 많다.

수익자동화에 대한 환상을 버리자

다시 처음으로 돌아와 그럼 온라인 쇼핑몰 사업도 수익자동화가 가능할까? 결론부터 이야기하자면 완벽한 수익자동화는 불가능하다. 나의 노동력을 들이지 않고, 가능한 한 순수익을 많이 남기고, 수익을 자동화하는 시스템이 매력적이라는 것을 과연 중소기업 이상의 CEO가 모르고 있을까? 수익자동화 시스템을 구축한 중소기업이 거의 없는 것을 보면 당장은 불가능한 영역이 아닐까 생각된다. 그러니 수익자동화에 대한 환상이 있다면 생각을 달리하기 바란다.

물론 어느 정도 타협하면 '부분적인 수익자동화'는 가능하다. 일단 노동력을 들이지 않는다는 조건에 대한 정의를 다시 할 필요가 있다. 정말 아무런 일도 하지 않겠다는 마음이라면 불가능에 가깝지만 그렇지 않다면 어느 정도 가능할지 모르기 때문이다. 제품을 직접 만들지 않고 인력을 사용해서 의사결정만 하는 단계, 즉 내가 직접 해야 하는 일을 누군가에게 위임해 하고 싶지 않은 일을 하지 않아도 되는 상황을 수익자동화라고 여긴다면 이는 누구나 충분히 가능하다.

나 역시 부분적인 수익자동화 시스템을 구축하고 싶어 어떻게 하면 가능할지 진지하게 고민하고 있다. 유통에서 이런 시스템을 구축하려면 물리적인 공간 및 인력을 모두 위임하고 나 대신 모든 일을 대행해줄 수 있는 업체가 필요할 것이다. 예를 들어 대표가 오롯이 광고 집행 및 구매전환율 효율만 따지고, 이후 모든 단계(물건 보관, 주문 접수 확인, 포장, 배송, CS 등)를 위탁하면 가능할 수 있다. 그런데 이런 대행업체가 과연 있을까? 있더라도 분명 높은 비용이 발생할 것이다. 하지만 이런 대행업체가 있다면 본업을 영위하며 N잡을 유지할 수 있지 않을까? 내가 나만사 카페를 만들어 이러한 서비스를 제공하기 위해 노력하고 있는 이유다. 어느 한 제품이 고객에게 전달되기까지를 크게 4단계로 나누면 다음과 같다.

1. 물류
2. 제작
3. 배송
4. 판매

사실 세부적으로 들어가면 수십 가지의 단계들이 존재하기 때문에 구현하기가 쉽지 않은 서비스다. 이런 서비스가 있다 하더라도 합리적인 비용이어야 하며, 모든 것을 위임하는 만큼 믿을 수 있는 공고한 파트너십이 필요하다. 그래서 현재 나만사 회원을 대상으로 사업학교 입주, 3PL 물류 대행, 상세페이지 제작, 디자인, 사진 촬영 등을 한 번에 해결할 수 있는 서비스를 조금씩 실현하고 있다. 이런 식으로 오프라인 물류 대행과 배송만 해결되더라도 부분적인 수익자동화 단계를 실현할 수 있을 것이다.

내 돈을 지키며 사업하는 방법

큰돈을 투입하지 않고 사업을 하는 방식은 크게 세 가지가 존재하는데, 여기서 제안하는 방법을 반드시 적용해보기 바란다.

2019년 창업진흥원에서 발표한 창업 동향 자료에 따르면 창업 초기 자본금의 94.5%가 자기 자금인 것으로 조사되었으며, 창업 이후 추가 필요 자금에 대한 조달 방법도 88.1%가 자기 자금인 것으로 조사되었다. 창업 후 가장 곤란한 애로 사항에 대해 묻자 69.8%가 영업 마케팅을 꼽았고, 20.4%가 판매대금 회수, 37%가 판매 납품 단가 인하, 29.6%가 자금 관리라고 답했다(중복 답변 가능).

감이 오는가? 창업을 시작할 때 겪는 대부분의 어려움은 '자금'이며, 초기 자본금을 비롯해 추가 필요 자금까지 대부분 자기 자본을 활용하는 실정이다. 즉 어렵게 직장 생활을 하며 모은 소중한 돈을 사업에 쏟아붓게 된다는 것이다. 사업을 운영하면서 겪는 어려움 역시 판매대금 회수 등 자금과 관련되어 있다. 이뿐만 아니라 노무와 세금 관리까지 챙겨야 하니 하나하나 따지면 새어 나가는 돈이 이만저만이 아니다. 그냥 막연히 소소하게 부수입을 얻기 위해 시작했는데, 이렇게 복잡하고 돈이 많이 새어 나가다니.

내 돈부터
지켜야 한다

우리는 우선 내 돈을 잘 지켜야 한다. 그동안 벌어둔 피 같은 돈을 사업에 다 소진하는 경우가 많기 때문이다. 나 역시 사업 초기에 1억 원 정도 대출을 받은 적이 있다. 그것도 월에 100만 원씩 10년 동안 납부해야 하는 보험을 드는 조건으로 1억 원의 대출을 받았다. 이 1억 원을 소진하기까지 얼마나 걸렸을까? 3주가 걸렸다. 단 3주 만에 1억 원이 사라진 것이다. 당시에는 '언제 손익분기점에 도달하지?' 하는 생각으로 앞날이 참 까마득하게 느껴졌다.

물론 누군가는 실패로부터 얻은 교훈을 좋은 양식으로 삼는다. 그런데 꼭 겪지 말아야 할 실패도 존재한다. 무턱대고 1억 원을 대출한 내 이야기를 꺼낸 이유도 겪지 말았으면 하는 실패, 하지 말았으면 하는 선택을 상기시키기 위해서다. 자신의 돈을 최대한 줄이고 창업을 하면 반은 성공한 것과 다름없다. 돈 없이 사업하는 게 힘든 일인 것은 안다. 그러나 실패할 가능성이 큰 창업 초기에는 최대한 적은 돈을 투입하는 것이 안전하다. 나 역시 만일 성공하지 못했다면 사업 초기에 받은 대출 1억 원이 두고두고 발목을 붙잡았을 것이다.

무자본으로 창업을 하면 도전적인 마인드가 상실될 수 있다는 단점은 있지만, 큰돈을 투입했을 때 생기는 리스크에 비하면 이는 큰 단점은 아니라고 본다. 큰돈을 투입하지 않고 사업을 하는 방식은 크게 세 가지가 존재하는데, 여기서 제안하는 방법을 반드시 적용해보기 바란다. 공자는 이런 이야기를 했다. "스스로가 해보고 유익한 것만 남에게 주라." 나 역시 이런 공자의 마음으로 전하는 것이니 인내심을 갖고 읽어주길 바란다.

1. 무자본에 가까운 소자본 창업

무자본 창업은 『게으르지만 콘텐츠로 돈은 잘 법니다』의 저자 신태순 대표님을 통해 처음 접한 개념이다. 어떤 아이디어를 고객에게 먼저 팔고 사업을 시작하는 것이 대표적인 방법이다. 판매를 위해선 제품이 있어야 하는데 제품이 무형이라면 대입이 쉽지만, 제품이 유형이라면 적용이 어려울 수 있다. 쉽게 말해 만약 내가 팔고 싶은 제품이 있다면 제품을 제작하기 전에 제품을 설명하는 글을 먼저 만들고, 이후 이 제품이 필요한 고객을 찾아가 미리 돈을 받는 개념이다.

물론 제품을 경험하지 않고 설명만으로 판매하기란 쉽지 않다.

나 역시 이러한 방식으로 판매를 시도했었는데, 제품이 없으니 확신이 들지 않고 아리송하다는 피드백을 많이 받았다. 그래서 체험을 시켜줘야겠다는 생각을 하게 되었고, 30만 원 이내로 최소한의 샘플 수량을 준비해 접근하자 더 좋은 반응을 얻을 수 있었다. 생각해보면 스마트스토어도 고객이 물건을 경험하고 사는 것이 아니라 상세페이지를 보고 구매를 결정하는 것이다. 그러니 충분히 제품 없이도 매출을 일으킬 수 있다.

2. 국가지원을 활용한 사업

2021년 국가지원으로 진행되고 있는 사업의 규모를 알고 있는가? 무려 정부에서 1조 5,179억 원을 투자하고 있다. 이는 전년보다 662억 원(4.6%) 더 늘어난 액수다. 이 부분을 놓치면 정말 큰 손해를 자처하는 것과 같다. 나 역시 최근 국가지원을 받아 6천만 원 정도 규모의 사업을 추가로 추진한 바 있다. 처음에는 담당 부처로부터 IT기업만 해당된다며 이미 다른 지원금을 받고 있는 회사는 안 된다는 답변을 받았다. 하지만 나는 까다로운 조건을 모두 충족하는 회사가 적을 것이라고 생각했고, 재차 문의해 담당자로부터 주옥같은 정보를 얻을 수 있었다. "만약에 조건에 부합된 기업이 없을 경우에는 도소매를 하는 기업도 가능하고, 중복으로 지원금 사업을 받고 있어도 신청이 가능하게끔 추진 중입니다." 결국 조건에 맞는 기업이 미달되어 나는 성공적으로 국가지원 사업을 따낼 수 있었다.

성경에 보면 '믿음이란 바라는 것에 대한 실상'이란 이야기가 나온다. 나는 믿음이 정말 중요하다고 생각한다. 이루고 싶은 꿈이 있다면 이미지를 도식화하는 것이 중요하다. 이루고 싶은 꿈의 실체를 보고, 그 꿈이 정말로 이뤄지길 바라는 간절한 염원의 마음이 곧 믿음이다. 이러한 믿음이 스스로에게 강렬하게 각인될 때 기적은 이뤄진다. 나는 사랑하는 아내와 진심으로 행복하게 살고 싶었다. 밥을 먹을 때도, 일을 할 때도 그 생각밖에 하지 않았다. 정신없이 일하다 잠시 쉴 때도 그 생각밖에 하지 않았다. 이루고 싶다는 강렬한 열망이 믿음과 하나가 되어 기억으로 만들어진다. 그러니 부디 무자본 창업이든, 국가지원 사업이든 포기하지 말고 시도해보면 좋겠다.

3. 크라우드펀딩을 활용한 사업

크라우드펀딩을 활용해 사업을 하는 방법도 있다. 크라우드펀딩은 뛰어난 아이디어를 갖춘 중소기업과 투자자를 연결해주는 창구로, 기업과 소비자에게 주목을 받으면서 매년 빠르게 덩치를 불리고 있다. 업계 정보에 따르면 2019년 크라우드펀딩 플랫폼에서 모인 투자금은 3,100억 원을 넘어섰고, 2020년에는 시장 규모가 1조 원을 넘어설 것으로 추산되고 있다. 2018년 크라우드펀딩 시장의 규모가 약 1,300억 원 수준이었음을 고려하면 굉장히 빠른 속도다. 나 역시 현재 와디즈에서 온라인 셀러 컨설팅과 관련된 서비스를 런칭하기 위해 준비하고 있다.

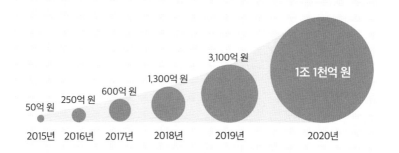

빠르게 성장하는 크라우드펀딩 시장

50억 원
2015년

250억 원
2016년

600억 원
2017년

1,300억 원
2018년

3,100억 원
2019년

1조 1천억 원
2020년

자료: 〈한국경제〉

콘텐츠뿐만 아니라 유형의 제품도 크라우드펀딩으로 많이 출시되고 있다. 크라우드펀딩을 성공적으로 추진하면 앞에서 언급한 무자본 창업도 실현할 수 있다. 제품을 출시하기 전에 상세페이지를 기획해 승인을 받고 크라우드펀딩을 진행하면 자연스럽게 투자를 유치할 수 있다. 이렇게 내 상세페이지가 노출되면 고객이 선결제를 통해 투자를 하게 된다. 처음에 목표로 했던 금액까지 투자를 받게 되면 이후 제작에 들어가게 되고 크라우드펀딩 프로젝트가 종료된다.

사실 크라우드펀딩을 아예 모르는 사람은 거의 없을 것이다. 그러나 실제로 크라우드펀딩에 도전해본 사람은 몇 명이나 될까? 적어도 내 주변에는 아무도 없다. 내가 유일하다. 이처럼 아는 것과 행동하는 것은 정말 다른 영역이다. 크라우드펀딩을 시도했다가 투자 유치에 실패해도 괜찮다. 소비자에게 미리 시장성을 점검받았다고 생각하면 된다. 만약 이런 점검도 없이 대량으로 물건을 사입해 온라인 쇼핑몰에 판매한다고 생각해보자. 결과가 안 봐도 뻔하지 않겠는가?

모든 것이 그렇듯 정답은 없다. 각자에게 맞는 해답만이 있을 뿐이다. 특히 사업은 정답이 있는 영역이 아니라 해답만이 존재하는 야생의 세계다. 그러니 호기심을 갖고 눈앞에 산적한 문제를 하나씩 풀어나가며 자신만의 해답을 찾기 바란다.

열심히만 한다고
성공하는 것은 아니다

열심히는 기본이다. 하지만 그 앞에 세 글자를 뺀 열심히는 의미가 없다.
'제대로 열심히' 일하고 있는지 꼭 스스로에게 되묻기 바란다.

사업을 하는 분들은 거의 대부분 열심히 일하는 '일중독' 상태다. 자신의 생계가 달려 있는데 당연히 열심히 하지 않는 사람은 드물다. 나 또한 굉장히 열심히 사업을 했다. 사업 1년 차에는 본업과 사업을 오가며 하루에 16시간씩 쉬지 않고 일했다. 사업을 키우기 위해 농사도 지었고, 식품 소분 대행업도 마다하지 않았다. 심지어 결혼식 날에는 화장도 지우지 않고 출근해서 일을 할 정도였다. 얼마 전 1세대 온라인 셀러 유튜버 천행님께서 인터뷰 도중 나에게 이런 말씀을 하셨다. "열심히 하면 다 성공하죠!" 좋은 말이지만 나는 반은 공감하고, 반은 공감하지 않는다. 내가 그동안 봐온 온라인 셀러 중에는 나보다 더 열심히 일하는 일중독자가 수두룩했기 때문이다.

일의 우선순위를
구분하라

만일 노력한다고 다 성공한다면 이 땅의 수많은 일중독자들은 모두 부자가 되었어야 했다. 그런데 알다시피 성공한 사례는 극히 드물다. 무엇 때문일까? 일의 우선순위를 구분하지 않고 그냥 열심히만 해서 그렇다. 『성공하는 사람들의 7가지 습관』의 저자 스티븐 코비는 긴급한 일에 중독되지 말고 중요한 일을 먼저 하라고 조언한다.

스티븐 코비는 '시간 관리 매트릭스'를 제시하며 일을 '급하면서 중요한 일' '중요하지만 급하지 않은 일' '급하지만 중요하지 않은 일' '급하지도 중요하지도 않은 일' 네 가지로 구분했다. 당연히 우리가 당장 해결해야 할 일은 '급하면서 중요한 일'이다. 그런데 생각보다 많은 사람이 '급하지만 중요하지 않은 일' '급하지도 중요하지도 않은 일'에 과하게 공력을 쏟는다는 것이다.

나는 사람들에게 시간 관리 매트릭스의 개념을 전파하며 중요한 일을 구분하는 방법에 대해 알려주곤 했다. 그럼에도 여전히 일의 우선순위를 잘 구분하지 못했고, 중요한 일부터 해결하는 습관

시간 관리 매트릭스		
	급한 일	급하지 않은 일
중요한 일	**A** 급하면서 중요한 일	**B** 중요하지만 급하지 않은 일
중요하지 않은 일	**C** 급하지만 중요하지 않은 일	**D** 급하지도 중요하지도 않은 일

자료: 『성공하는 사람들의 7가지 습관』

을 실생활에 적용하지 못했다. 왜 그런 걸까? 그 이유는 바로 '일의 중요도'에 대한 인식이 부족해서 중요도에 따라 업무를 구분하지 못했기 때문이다.

메타인지를
활용하라

그렇다면 우리는 어떻게 일의 중요도를 정확히 파악해 업무를 구분할 수 있을까? 나는 '메타인지'에 답이 있다고 생각한다. 메타 인지란 '생각의 생각'을 하는 것이다. 좀 더 쉽게 표현하자면 생각하는 자신을 바라보는 또 다른 자신이 되어 어떤 문제를 객관적으로 판단하는 것이다. 일을 가장 빠르게 해결하는 방법은 당연한 이야기지만 '제대로' 열심히 하는 것이다. 즉 올바른 방향으로 빨리 가야 일을 가장 효과적으로 처리할 수 있다. 여기서 제대로 또는 올바른 방향이 바로 메타인지에 해당한다. 우리는 무엇이든 습관적으로 열심히 하기 때문에 무언가에 열심히 몰두하는 그 행위 자체에 자아도취 될 때가 많다. 메타인지를 잘 활용하면 이러한 일을 예방할 수 있다.

메타인지라는 말이 어렵다면 메타인지라는 단어 대신 '왜'라는 단어로 대체하면 이해가 쉽다. '이 일을 내가 왜 해야 하지?' '왜 개선이 안 되지?' '왜 하지 말아야 하지?' '왜 중요하지?' 끊임없이 묻는 것이다. 이런 반문의 시간을 갖기 위해서는 계획을 세우는 시간뿐만 아니라 실행 이후 점검하는 시간을 따로 만들어야 한다. 다시 한번 강조하지만 누구나 다 열심히 한다. 열심히는 기본이다. 하지만 그 앞에 세 글자를 뺀 열심히는 의미가 없다. '제대로 열심히' 일하고 있는지 꼭 스스로에게 되묻기 바란다.

공부를 위한 공부를 경계해라

공부를 했다면 공부를 한 이유가 있어야 하고, 이후에는 어떻게 나에게 적용할지 분명한 실행 계획이 있어야 한다.

수년이 넘게 사업을 준비만 하는 지인이 있었다. "이제 슬슬 시작해보는 건 어때?"라고 묻자 그는 "아직 준비가 부족한 것 같아. 좀 더 공부하려고."라고 말했다. '사업 준비'라는 말을 들으면 흔히 떠오르는 이미지가 책상 앞에 앉아 공부를 하는 모습이다. 하지만 사업 준비가 책을 읽고 강의를 듣는 것만 있는 것은 아니다. 사업 준비는 크게 간접적인 공부와 직접적인 공부로 나뉜다. 만일 사업이 운전면허의 필기시험이라면 책상 앞에 앉아 몰두하는 간접적인 공부가 훨씬 도움이 될 것이다. 하지만 사업은 필기시험이 아닌 실기 영역에 가깝다. 그래서 간접적인 공부도 중요하지만 나는 직접적인 공부가 반드시 필요하다고 생각한다. 왜냐하면 사업은 기본적으로 실용학문이기 때문이다.

비즈니스는
실용학문이다

실용학문을 제대로 익히기 위해서는 책에서 배운 내용을 스스로 적용해보는 테스트의 과정이 필요하다. 한 가지의 방법론을 배우면 그 이론이 나에게 필요한지 '인지'하고, 필요하다고 생각되면 받아들이기를 '고려'하고, 이후에는 곧바로 적용해보는 '실행'의 과정을 거쳐야 한다. 그런데 여기서 인지와 고려의 과정만 반복하는 사람들이 있다. 이 두 가지를 재차 반복하면서 스스로 '실행'하고 있다고 착각하는 사람들이 실제로 꽤 많다.

책에서 배운 방법론을 적용해서 직접적인 경험을 쌓지 않으면 제대로 된 사업 준비라고 할 수 없다. 사업을 배운다는 게 정말 책상 앞에 앉아 공부만 해서 해결된다면 비즈니스를 한 번도 경험해보지 않은 경영학 박사가 가장 성공 확률이 높아야 한다. 아무리 경영학 박사라고 할지라도 비즈니스를 한 번도 해보지 못했다면 과연 그 사람이 정말 사업을 잘 꾸릴 수 있을까? 아무것도 모르는 사람보다는 잘할 수 있겠지만 관련 내용 지식이 해박하다고 해서 성공이 보장되는 것은 아니다. 반면 전공자는 아니지만 사업 경험이 많은 사람이 있다고 가정해보자. 이 사람은 경영학 지식이 부족하니 사업에 대해 누군가를 교육할 수 없는 것일까? 그렇지 않다. 상황에 따라 다르지만 학력이 낮아도 실력 있는 비즈니스 컨설턴트가 돈을 많이 버는 이유가 여기에 있다. 즉 사업은 이론의 영역과 경험의 영역이 골고루 필요하다. 너무 어느 한쪽에만 치중하면 반쪽자리가 될 수밖에 없다.

실행 없는 인풋은 중독이다

들은 것을 실천해 나의 경험으로 만들지 않으면 다른 아웃풋을 얻을 수 없다. 회사를 다니며 한참 외부 강의를 듣던 시기가 있었다. 오전 7시부터 밤 10시까지 비즈니스 클럽에서 수많은 강의를 들었는데, 강의료는 적게는 1만 원에서 많게는 1천만 원대까지 천차만별이었다. 계속 그렇게 강의를 듣다 보니 커리큘럼이 겹치는 사람이 몇 있었는데, 처음에는 나처럼 굉장한 열정을 가진 사람이라고 생각했다. 하지만 이는 나의 착각이었다. 알고 보니 '강의를 듣는 일'에 중독되어 계속 무의미한 간접 경험만을 반복하는 사람이었던 것이다.

실행 없는 인풋은 중독이다. 공부를 했다면 공부를 한 이유가 있어야 하고, 이후에는 어떻게 나에게 적용할지 분명한 실행 계획이 있어야 한다. 비즈니스는 문학이 아니라 실용학문이기 때문에 듣고 바로 적용해서 실천하지 않으면 무용지물이다. 간접 학습 1회, 직접 학습 1회의 등가교환이 잘 이뤄지지 않으면 무의미한 학습만 반복하게 될 뿐이다.

나는 영어를 제대로 읽지 못하는 스스로가 부끄럽고, 외국인과 함께 자유롭게 대화하는 싶은 마음에 군 생활 2년 동안 연등 시간을 활용해 영어를 독학했다. 당시 내 영어 실력은 중학교 독해 수준 정도에 불과했는데, 전역 후 계속해서 영어 공부를 이어가다 문득 이런 생각이 들었다. '아니, 내가 도대체 왜 영어 공부를 시작했지? 외국인과 대화하려고 시작한 것 아닌가? 그런데 맨날 책상 앞에만 앉아서 이게 무슨 짓이지?'

이후 나는 매주 외국인을 만나기 위해 시골에서 도시로 떠났다. 그렇게 6개월 동안 외국인들을 쫓아다녔고, 나중에는 한국인 친구보다 외국인 친구를 훨씬 많이 사귀는 경지에 올랐다. 자연스럽게 영어를 듣고 말하는 게 편해졌고, 심지어 꿈도 영어로 꾸게 되었다. 현재 있는 곳이 한국인지 해외인지 헷갈릴 정도로 단기간에 영어와 친숙해질 수 있었다. 영어를 학문처럼 배우는 방법도 있지만, 영어는 학문이기 이전에 전 세계 공용어로 사용하고 있는 '언어'의 영역이다. 언어 역시 사업과 마찬가지로 책으로 다 배우는 게 아니라 반드시 경험하고 실천하는 과정이 필요하다.

다시 본론으로 돌아와서 사업을 공부하고 싶다면 일단 다음의 다섯 가지부터 정리해보기 바란다.

1. 어떤 일을 하고 싶은지

2. 이 일을 무슨 목적으로 하는지

3. 어떤 계획이 있는지

4. 순탄치 않은 길을 누구와 갈지

5. 잘 운영하기 위해 어떤 계획을 갖고 있는지

1~5번을 정리하면 자신만의 사업계획서가 탄생할 것이다. 사업의 목표가 돈이 될 순 있지만 목적이 단순히 '돈' 하나라면 사업이 산으로 가기 쉽다. 돈을 벌겠다는 것은 너무나 당연한 이야기라 사업의 목적이 될 수 없다. 사업은 어떤 일에 일정한 목적과 계획을 갖고서, 그 일을 믿을 수 있는 사람들과 함께 운영하고 관리하는 과업이다. 그래서 1~2번 항목, 즉 자기 탐색이 반드시 선행되어야 한다. 그렇지 않으면 무한한 경쟁 속에서 지속적으로 사업을 유지할 동력을 잃을 수 있다.

사업에서 조심해야 할
네 가지 칼날

요리를 할 때 칼을 사용하지 않고 요리하는 것은 불가능하다. 요리사가 주방에서 칼을 쥐고 있으면 그렇게 마음이 편안할 수가 없다. 칼은 요리뿐만 아니라 수술을 할 때도 쓰인다. 의사가 수술장에서 칼을 쥐고 있으면 그렇게 믿음직스러울 수 없다. 그러나 만일 5세 아이의 손에 칼이 쥐어져 있으면 어떨까? 칼날이 예리하면 예리할수록 위험해 보일 것이고, 누구도 아이가 손에 칼을 들고 있는 상황을 지켜만 보고 있지는 않을 것이다. 사업의 영역에도 이런 칼날이 몇 개씩 있다. 사업의 세계에서 5세 아이와 다름없는 초보 셀러라면 특히 이러한 칼날을 조심해야 한다.

1. 돈이라는 칼

사업을 준비하는 사람들은 공통적으로 '초기에 들어가는 돈'에 대해 궁금해한다. 정답은 없다. 돈은 자기 그릇만큼 쓸 수 있는 것이고, 스스로 운영할 수 있는 돈의 그릇이 작으면 많은 돈이 있어도 오히려 해가 될 뿐이다. 내가 컨설팅을 할 때면 꼭 묻는 질문이 있다. "만약 당신에게 3억 원이 있다면 이것으로 어떻게 사업을 운영하겠습니까?" 자신 있게 답하는 사람은 거의 없었다. 그러던 어느 날, 같은 질문을 이 책의 공동저자인 송종국 팀장에게 했다. 그러자 "3억 원밖에 없습니까? 3억 원이면 할 수 있는 게 많지 않은데. 일단은 말이죠."라면서 계속 이야기가 끊이지 않았다. 그렇다. 무엇이든 머릿속에 그려져 있지 않으면 제대로 실행하게 될 확률은 거의 없다. 나한테 돈이 있다 해도, 그 돈을 어떻게 사용해야 할지 모른다면 사업을 시작하면 안 된다. 실력보다 많은 돈을 쥐고 시작하는 사업은 실패할 확률이 큰 도박과 같다. 명심하자. 당신이 이제 막 사업을 시작했다면 5세 아이와 다를 바 없다는 사실을. 어린이에게는 무딘 플라스틱 칼이면 충분하다.

2. 교육이라는 칼

직장인 시절, 규모가 5천 명 정도 되는 회사에서 성과로 1~2등을 했었다. 그래서 전국에 있는 지사를 다니며 교육을 했는데, 교육 후에 예상치 못한 피드백을 받았다. "그건 당신이니까 가능한 일 아닙니까? 혹시 그런 거 말고 쉽게 따라 할 수 있는 노하우나 방법은 없습니까?" 나는 그 질문이 참 이상하게 느껴졌다. 물론 우리가 박지성이 했던 방법대로 훈련하고 경험한다고 해서 무조건 박지성처럼 공을 찰 수는 없을 것이다. 하지만 적어도 원하는 만큼 실력을 빠르게 키울 수는 있지 않을까?

사업도 마찬가지다. 컨설팅을 하다 보면 "어떻게 하면 단기간에 유입과 매출을 늘릴 수 있을까요?" 하고 이 부분 하나만 궁금해하고 질문하는 경우가 많다. 하지만 나는 강의 내내 어떻게 하면 더 안전하고 오래도록 독립적으로 사업을 운영할지에 대해 이야기한다. 그러다 보면 유입과 노출에 대한 이야기보단 자연스럽게 사업의 본질과 운영에 대한 부분을 주로 언급하게 된다. 왜냐하면 온라인 셀러란 결국 고객이 필요한 제품 및 서비스를 고객에게 전달하며 소통하는 직업이기 때문이다. 그런데 대부분 쿠팡이나 네이버 쇼핑몰을 통해 얼마의 매출을 일으켰는지를 궁금해하지 정작 중요한 '고객'은 궁금해하지 않는다. 이렇게 대형 쇼핑 플랫폼에만 의존하면 그들의 하청업체를 자처하는 것과 다를 바 없다. 쇼핑 플랫폼의 정책 변화에 따라 자신의 사업이 흔들릴 수밖에 없는 구조다. 이런 의존적인 구조에서 탈피하지 못하면 오랫동안 건강하게 사업을 유지할 수 없다.

내가 전업 셀러로서의 문제점과 본질적인 부분을 이야기하면 다들 당장에 실천할 수 있는 노하우를 알려달라고 아우성이다. 물론 그런 기술적인 노하우를 배우면 당장 작은 성과를 만들 수는 있겠지만, 그 성과를 오랫동안 지키고 지속할 수는 없을 것이다. 이제 막 5세에 불과한 어린이에게 요리를 하고, 수술을 하라며 대책 없이 날카로운 칼을 손에 쥐어주고 싶은 어른이 어디 있겠는가?

3. 인맥이라는 칼

자문을 하면 가끔 이런 이야기를 듣는다. "저에게 좋은 인맥이 있다면 사업을 잘 유지할 수 있었을 텐데, 좋은 인맥이 없어 참 아쉽습니다." 물론 나도 이런 생각을 할 때가 종종 있다. 그래서 회사를 다니면서 끊임없이 인맥을 만들기 위해 돌아다녔고, 돈을 쓰며 그들의 눈에 들기 위해 노력했다. 그런데 정말 실력이 출중한 사람은 어떨까? 인맥을 만들기 위해 종종거리지 않아도 알아서 스카웃 제의가 들어온다. 온라인 쇼핑몰을 하면 제조사 사장님들을 만나러 다니고, 도매처를 만나러 다니라는 이야기를 많이 듣게 된다. 그런데 나는 이것만큼 나의 비즈니스를 망치는 행동이 없다고 생각한다(물론 소싱의 과정에서는 미팅이 필수적이다). 바로 첫 이미지 때문이다. 보통 5초 안에 첫인상만 보고 그 사람이 호감인지, 비호감인지 결정된다고 한다. 그런데 내가 아직 제대로 실력도 없고 자신감도 없는 상태에서, 즉 아마추어인 상태에서 평생 나와 비즈니스를 할 상대를 만난다면 과연 좋은 이미지를 심을 수 있을까?

처음 만들어진 이미지라는 것은 나중에는 바꾸기가 어렵다. 유튜브와 커뮤니티를 운영하면서 나도 참 많은 사람을 만난다. 그런데 대부분 '첫인상'에 대한 고민 없이 아마추어의 모습으로 나를 찾아온다. 물론 아직 사업을 시작하지 않았으니 당연히 아마추어인 것이 맞다. 하지만 최소한 내가 올린 영상 몇 개라도 보고, 아니면 카톡방에서 질문 몇 개라도 주고받고 공부를 한 다음 찾아오면 미팅에서 얻을 수 있는 게 더 많지 않겠는가? 그런데 대부분 나와 소통을 하기보다는 그냥 내게서 솔루션만을 바란다. 나의 눈엔 그들이 어떻게 보일까? 과연 그들과 관계를 깊게 맺고 싶을까? 답은 뻔하다. 마찬가지로 사업을 하면서 쉽게 자신의 이미지를 소비하지 말기 바란다. 아마추어인 상태에서 인맥을 쌓고자 거래처를 돌아다닌다면 첫인상을 망칠 것이고, 나중에 그것을 바꾸는 데 정말 많은 에너지가 소요될 것이다.

4. 좋은 물건이라는 칼

이런 생각을 하는 사람이 있다. '나에게 좋은 물건만 있다면 돈을 많이 벌 수 있을 텐데.' 이런 생각을 하는 사람에게 나는 늘 이렇게 묻는다. "좋은 물건이 무엇인가요?" 보통 이들이 이야기하는 좋은 물건이란 경쟁자가 적고, 마진이 높고, 검색량이 많은 어떤 꿈 같은 무언가인 경우가 많다. 그런데 이런 물건은 늘 젠트리피케이션과 유사한 현상이 발생한다. 어떤 상품이 검색량이 많아지면 다른 판매자의 눈에 띄어 경쟁자가 늘기 마련이고, 가격 경쟁이 붙으면서 마진은 점점 줄어들게 된다. 운이 좋아 초반부터 판매를 하게 되어 판매량이 폭발적으로 늘었다고 해도 문제다. 회사의 시스템과 규모를 그에 맞게 급하게 키웠는데 젠트리피케이션으로 판매량이 줄어들면 운영비 손실만 커질 수 있다. 그래서 준비되지 않은 상태에서는 좋은 물건이 사업을 진행하는 데 오히려 독으로 작용할 수 있다. 그러니 늘 명심하자. 상품에 집착하지 말고 고객에게 집착해라. 만약 당신이 네이버 상위노출을 고민하고, 쿠팡 아이템위너에만 집착한다면 그 태도부터 고쳐야 한다. 이는 물건을 사주는 사람을 고객으로 보는 것이 아니라 쿠팡과 네이버를 고객으로 보고 있는 것이다.

나만사가 당신의 꿈을
응원합니다

나만사(나만의 브랜드로 온라인 쇼핑몰 사업하는 모임)는 온라인 셀러들과 함께 다양한 정보를 공유하고 있습니다. 초보 셀러가 안정적으로 자리를 잡을 수 있도록 다양한 서비스를 제공하고 있습니다. 유튜브 대두TV를 통해 '온라인 쇼핑몰 창업의 왕도'를 찾기 위한 나만사의 여정을 확인하실 수 있습니다.

카페 ▶ cafe.naver.com/namansaa

유튜브 ▶ 대두TV

나는 당신이
N잡러가 되었으면
좋겠습니다

초판 1쇄 발행 2021년 8월 15일

지은이 | 한기백 송종국
펴낸곳 | 원앤원북스
펴낸이 | 오운영
경영총괄 | 박종명
편집 | 이광민 최윤정 김상화
디자인 | 윤지예
마케팅 | 송만석 문준영 이지은
등록번호 | 제2018-000146호(2018년 1월 23일)
주소 | 04091 서울시 마포구 토정로 222 한국출판콘텐츠센터 319호(신수동)
전화 | (02)719-7735   팩스 | (02)719-7736
이메일 | onobooks2018@naver.com   블로그 | blog.naver.com/onobooks2018
값 | 16,000원
ISBN 979-11-7043-238-8 03320